CRIANDO FILHO ÚNICO

Carolyn White

CRIANDO FILHO ÚNICO

A RECOMPENSA E AS OPORTUNIDADES ESPECIAIS DE RELACIONAMENTO COM SEU FILHO ÚNICO

M.Books

M. Books do Brasil Editora Ltda.

Rua Jorge Americano, 61 - Alto da Lapa
05083-130 - São Paulo - SP - Telefones: (11) 3645-0409/(11) 3645-0410
Fax: (11) 3832-0335 - e-mail: vendas@mbooks.com.br

Dados Internacionais de Catalogação na Publicação

White, Carolyn
Criando Filho Único/ Carolyn White
2008 – São Paulo – M.Books do Brasil Editora Ltda.
ISBN: 978-85-7680-045-3
1. Pais e Filhos 2. Psicologia 3. Relacionamento

Do original: The Seven Common Sins of Parenting an Only Child: a guide for parents, kids, and families.

Original publicado por Jossey-Bass.

EDITOR
MILTON MIRA DE ASSUMPÇÃO FILHO

Tradução
Maria Lúcia Rosa

Produção Editorial
Beatriz Simões e Lucimara Leal

Projeto Gráfico e Capa
Crontec

Coordenação Gráfica
Silas Camargo

2008

A Alexis, *que tem relevado todos os meus erros*
e é minha inspiração para tudo.

A Chuck, *que tem sempre acreditado em mim*
e no poder do três.

Sumário

Agradecimentos

Ser um pai eficiente de um filho único requer muito amor e reflexão. Escrever este livro foi muito assim. Muitas pessoas maravilhosas o tornaram possível, apoiando minha visão, fornecendo idéias novas e me encorajando a falar o que penso e completar esta tarefa.

Alexis, minha filha única incrivelmente perceptiva e melhor amiga, passou várias horas pesquisando e me ajudando a dar forma a este livro. A fé dela no projeto foi inabalável e sua criatividade e ponto de vista, inestimáveis.

Ninguém poderia ter sido mais entusiasta sobre *Os Sete Erros Comuns* que meu marido, Chuck, que foi quem começou tudo. Ele reconheceu a necessidade de um guia prático que reunisse sete anos de experiência "nas trincheiras" com milhares de pais preocupados de filhos únicos de todo o mundo.

Alan Rinzler, meu editor e ele mesmo um sábio filho único, me manteve com os pés no chão, entendeu aonde eu queria chegar e me ajudou a chegar lá. A honestidade e orientação dele foram inestimáveis.

Minha agente astuta, Joelle Delbourgo, acreditou neste projeto desde o início e encontrou um bom lar para ele.

Agradeço a todo o pessoal de admissão na Crossroads School, e principalmente a Gennifer Yoshimaru, por fornecer bom conselho, dispondo de seu tempo, me animando e me fazendo dar risada. Eu não poderia ter feito isso sem eles.

Agradeço a minha mãe incrível, que nunca achou que ser avó de um era menos que ser avó de mais netos.

E, agradecimentos especiais a todos os filhos únicos e aos pais cuidadosos de filhos únicos que abriram seus corações através de suas entrevistas e cartas. Eles são a alma deste livro, e suas experiências ajudarão a orientar e a dar apoio a outras pessoas.

Prefácio

Os iguais se reconhecem. E, sem dúvida, é necessário ser mãe de um filho único para reconhecer alguém que seja filho único. Foi assim que eu conheci minha vizinha Carolyn White, que me classificou imediatamente como uma "filha única". Não me pergunte como ela sabia, mas estou convencida de que Carolyn tem um sexto sentido sobre filhos únicos. Assim que eu me identifiquei com Carolyn como membro da "tribo", meu destino como um de seus sujeitos foi selado. Logo depois do lançamento de *Legally Blonde**, um filme do qual fui co-autora (e que descreve com orgulho uma filha única determinada, heroína), Carolyn entrevistou-me para *Only child*, a revista que ela e seu marido, Chuck, publicam.

Quando Carolyn me perguntou como ser filha única tinha influenciado quem eu era, disse-lhe que tive o apoio e o carinho em um sentido que muitos de meus colegas não tiveram. Sendo a única filha, fui incentivada por meus pais a acreditar que seria capaz de fazer o que eu quisesse. O que eu queria transformou-se em um vício de ler, escrever e ver histórias. Se eu tivesse um irmão, não sei se eu teria seguido esse caminho, e quem sabe se essa opção teria tido o apoio que meus pais deram. Sinto-me com uma sorte incrível por meus pais terem-me permitido, como filha única, o tempo de que eu precisava para "viver o meu mundo". Quanto a meus pais, eles se sentem com uma sorte incrível por eu estar realmente vivendo disso e não ter mais que pedir dinheiro emprestado!

Quando Carolyn e eu sentamos para nossa entrevista, ficou claro que eu estava lá para um tipo muito especial de interrogatório. Depois de me oferecer muito vinho tinto, minha vizinha assumiu o papel de um interro-

---

* Legalmente loira.

gador, gentilmente animada e docemente cruel. Ela conseguiu desenterrar histórias que eu nunca imaginei contar à minha melhor amiga. Mas, felizmente, quando o artigo foi publicado, eu não me arrependi de uma palavra. Carolyn trata seus sujeitos com tanta afeição quanto faz o *insight* psicológico. Quando ela me contou que estava escrevendo um livro chamado *Criando filho único,* mal consegui esperar para lê-lo. Eu sabia que o livro conteria não só a marca registrada dela, conselhos práticos e observações precisas sobre filhos únicos e seus pais, mas também uma série de histórias suculentas que somente Carolyn White poderia trazer à tona. Depois de ler o livro dela, estou surpresa ao ver que ela não só teve sucesso nessa tarefa, mas excedeu minhas expectativas. *Criando filho único* é uma leitura maravilhosa, que fala claramente aos pais e às pessoas como eu, que querem entender tanto o seu passado como filhos únicos quanto seu futuro como possíveis pais de filhos únicos.

Com o passar dos anos, Carolyn e eu temos conversado sobre o estigma cultural que os filhos únicos suportam e como "filho único" é freqüentemente sinônimo de "mimado" e "egoísta". Mas, na realidade, concluímos uma noite, durante o jantar, que de fato os filhos únicos são definidos por uma curiosidade constante sobre outras pessoas, um forte traço de confiança e de independência natas. Devido a seus estereótipos, como único, você sempre se sente ligeiramente diferente de todos os outros. Em seu livro, Carolyn adota uma abordagem positiva para educar filhos únicos. Ela ajuda os pais a celebrar as diferenças inerentes na criação de um filho único e encoraja-os a ganhar força com sua experiência. Acho que meu vínculo íntimo com meus pais e o relacionamento singular que temos (contrário ao que as pessoas possam dizer sobre filhos únicos) aumentaram minha capacidade de partilhar e meus sentimentos de fidelidade com pessoas em minha carreira e meus amigos e família. Graças a eles, sinto-me sempre especial como filha, e tenho levado esse sentimento como uma fonte de fortalecimento durante toda a minha vida. Quando enfrento desafios — reescrevendo infinitamente alguma coisa que não preciso reescrever, ou enfrento o enorme apuro do ego e atitude que regem Hollywood — acredito que a confiança que ganhei como filha única é minha maior arma. *Criando filho único* ajuda os leitores a entenderem não só como transmitir confiança a seu descendente, mas também como se reafirmarem como pais.

Tendo conhecido Alexis, a filha de Carolyn e Chuck, uma jovem brilhante com integridade, humor, generosidade e graça, posso dizer com toda certeza que seguir o conselho de Carolyn pode ter resultados maravilhosos. E quando eu tiver meu filho único, *Criando filho único* será meu guia.

Kirsten Smith, co-autora do roteiro dos filmes *Legally blonde* e *Ten things I hate about you**, Los Angeles, Califórnia.

---

* Legalmente loira e Dez coisas que eu odeio em você.

Introdução

Vinte e três anos atrás, quando meu marido e eu estávamos com trinta e poucos anos, nossa filha nasceu. Na época, fui considerada uma mãe "velha" e talvez ainda o seja. A maioria das meninas com quem cresci teve filhos quando tinha vinte e poucos anos, por isso, mesmo entre os *boomers* (a geração pós-guerra), nós éramos considerados pais "velhos". Meu ginecologista usava um nome clínico para minha condição bizarra, que eu esqueci por conveniência. Por acaso, vi o termo em minha ficha e fiquei surpresa. Como eu tinha esquecido quase tudo o que aprendi de latim na oitava série, minha tradução foi algo como "parturiente tardia". Meu deus, como passou o tempo. Eu ainda me considerava uma mulher jovem. Dei uma olhada em mim no espelho da sala de exame clínico e tentei ser objetiva: "Bem, não pareço tão decrépita".

Hoje, tudo isso mudou. Tornou-se quase comum as mulheres terem bebês já passando dos quarenta (veja Madonna e Geena Davis), e algumas têm sido mães aos cinqüenta anos, por meio de doações de óvulos e de mães de aluguel.

Antes de eu jogar fora a última caixa de fraldas descartáveis, os amigos e a família começaram a me perguntar quando eu planejava ter outro filho. Na época, eu não me ressenti com suas perguntas porque tínhamos certeza de que teríamos dois filhos. Há uma velha canção que diz: "Formaremos uma família, um menino para você, uma menina para mim".[1] Tínhamos nossa filha e, uma vez que engravidei praticamente assim que decidimos ter filhos, imaginei que na próxima vez teríamos a sorte de ter um menino, com quem meu marido pudesse se ligar para falar de carros e bugigangas mecânicas. Não que eu seja sexista ou qualquer coisa do tipo, mas noto que a maioria das meninas não se interessa por motor de combustão interna. Embora eu tivesse adorado ser professora e gostasse dos filhos dos outros, nunca tinha me considerado particularmente maternal. Quando minha filha chegou, entretanto, tudo mudou. Como a maioria dos pais novos, achei-a infinitamente fascinante e extremamente engraçada. Ela falou cedo e andou aos oito meses. Ela era esperta, sensível, viva e parecia determinada a abraçar o mundo, antes mesmo de formar uma sentença coerente. Como víamos, nossa tarefa era canalizar toda aquela energia de modo positivo, e pensávamos que talvez um irmão ou irmã pudesse ajudar a acalmá-la. Mas a natureza tinha outros planos.

Quando nossa filha tinha dois anos, começamos a tentar ter outro filho. Aquilo foi divertido, mas não nos levou a lugar nenhum, apenas a frustração. Depois de um ano e meio de desapontamento, começamos tratamentos de fertilidade que, quando comparados com o que é feito hoje, eram quase tão cruéis quanto aplicar sanguessugas a meu corpo. Aparentemente, tudo estava bem. Disseram-me para ir para casa e acompanhar minha temperatura e, bem, você sabe o resto. Eu não era uma paciente muito boa e não gostava de ter minha vida controlada. Nem meu marido. Decidimos voltar atrás e não nos preocupar com as falas do médico sobre fertilidade. Então, *voilà*, engravidei três vezes seguidas! E tive o mesmo número de abortos.

Quatro anos mais tarde, nos rendemos a uma vontade superior, que parecia infinitamente mais forte que a nossa. Certamente, passamos breves momentos falando sobre adoção, o que era imensamente caro e também parecia ir além de nossos recursos emocionais. Era difícil imaginar ter cada aspecto de nossas vidas examinado por estranhos e então esperarmos anos, com a real possibilidade de acabarmos nos desapontando. Também era intimidante. Depois de muitas considerações, chegamos à conclusão de que nosso minúsculo tornado seria nossa única filha, e seríamos felizes com ela. Desistir foi um alívio, mas ainda passaríamos por muita aflição.

Então, quando você vai ter outro?

Aqueles familiares e amigos cuja intromissão não me incomodava antes começaram a fazer meu sangue ferver quando perguntavam se nossa bela filha teria um irmão ou irmã igualmente adorável. Eu ficava continuamente magoada e chocada com seus comentários agressivos e dificilmente sabia o que responder, a não ser dar-lhes um relatório médico sobre a condição de meu sistema reprodutivo. Minha filha estava na pré-escola, e todas as suas amigas tinham ou iam ter outros irmãos ou irmãs. De repente, ela também queria um. Por que ela não podia ter o que queria? Certamente, aquilo não podia ser tão difícil. Talvez a vovó e o vovô pudessem lhe dar um irmãozinho; eles lhe davam tudo.

Eu nunca me esquecerei de quando me sentava à noite na cama dela, noite após noite, durante seis meses, e explicava, de uma maneira que achava ser adequada, por que a mamãe não podia ter outro bebê. Uma noite, depois de repetir minha história pela quinta vez, aquela coisinha viva, que passava o dia rindo, divertindo-se e com amigos, virou-se para mim com os olhos cheios de lágrimas e disse: "Há um vazio em meu coração que nunca pode ser preenchido". Eu juro que não inventei isso. Pode ser que ela tenha ouvido a frase em *Vila Sésamo* ou em uma história que leram para ela na escola. Não sei, mas não importava, porque de repente eu me senti culpada e estava prestes a ficar clinicamente deprimida por não dar à minha filha o que ela disse que mais queria. Aquilo ficou guardado comigo todos esses anos, como uma daquelas músicas que você não consegue tirar da cabeça. De vez em quando, enquanto estou adormecendo ou tentando escolher um abacate maduro no mercado, ainda posso ouvir aquela voz queixosa e ver aquele rostinho desanimado.

Alguns meses atrás, contei essa história à minha filha, que agora é uma jovem adulta, e ela a ouviu de uma forma desinteressada. Assim que terminei, minha filha olhou para mim por um instante, inclinou a cabeça e disse com uma voz que sugeria que eu era só um pouco menos crédula que os índios que deixaram Manhattan: "Ah, Mãe, eu só queria o que Elizabeth tinha. Se ela tivesse uma nova boneca Repolhinho (aquelas cujo rosto parecem batatas murchas), eu também queria uma. Ela tinha uma irmã, então eu queria uma. Eu não me importava de verdade. Você não devia ter-me levado tão a sério". Pela primeira vez em minha vida como mãe, eu queria tirar uma desforra séria de minha própria filha, mas eu só consegui balbuciar: "Como você pode ser tão insensível? Você não sabe como isso me magoou e a culpa que eu carreguei comigo durante anos". A resposta que recebi foi algo como: "Posso usar sua blusa camponesa amanhã?"

Ficou claro que o que era tão vívido na minha mente certamente não a estava consumindo. Assim que ela se adaptou à inevitabilidade de não ter um irmão, seguiu a vida dela e continuou se divertindo mais do que deveria ter direito. Como a maioria das crianças que são amadas e se sentem seguras, ela era muito mais resiliente do que eu acreditava que fosse. Como eu teria me enganado? É fácil. Os pais de filhos únicos têm infinitas oportunidades para se projetar no futuro, mas os filhos pensam no curto prazo. Enquanto ficamos pensando como nosso filho único se dará no mundo como adulto, ele está querendo saber se pode ir dormir na casa de seu melhor amigo este fim de semana ou como ele conseguirá pegar a *garter snake** que ele viu se arrastando sob uma cerca no jardim.

Nossa família é éstranha?

Quando eu tive minha filha, havia muito pouca informação disponível sobre filhos únicos. Tudo o que eu sabia era o que eu tinha ouvido, e o que eu tinha ouvido não era bom. Os filhos únicos eram criaturas infelizes, fadadas a serem pequenos Dennis, o Pimentinha, causando confusão para onde quer que fossem. Eu olhava para minha filha traquinas de seis anos e pensava que aquilo era o que eu esperei tanto para ter. Em dias em que ela era extremamente adorável e meiga, eu me sentia a mãe monstro, levando seu cordeiro inocente a ter uma vida infeliz como filha única. A culpa e a ansiedade eram alimentadas por uma cultura controlada pela mídia que retrata o tamanho ideal de família como quatro, e não três pessoas. Naqueles dias, eu só conhecia outra mãe que tinha um filho único. A geração de minha filha provavelmente é a primeira desde a Grande Depressão a incluir grandes números de filhos únicos, mas eu não conhecia as mulheres que os tinham. Logo, quando aconteciam coisas que eu achava que estavam relacionadas ao fato de minha filha ser filha única, eu telefonava para minha amiga. Às vezes, as histórias e os conselhos dela sobre como criar um filho único eram tudo o que eu precisava para ficar tranqüila.

---

* Tipo de cobra americana não-venenosa caracterizada por listras coloridas no dorso.

Depois de anos em que nos sentíamos uma família esquisita, meu marido e eu estávamos exaustos, preocupados e confusos. Ter um filho único poderia ser como ter uma doença? Nossa bela filha cresceria para ser uma desajustada? Ela seria a criança que as outras evitariam ou seria alvo de caçoada por ser a "esquisita"? Como os outros pais de filhos únicos se sentiam? Como eles estavam criando seus filhos? Quais eram suas respostas quando as pessoas lhes diziam que seu filho teria problemas emocionais por não ter irmãos? Não tínhamos idéia, mas achávamos que um dia poderíamos começar um pequeno informativo, de modo que pudéssemos entrar em contato com outros pais e partilhar experiências. Poderíamos ficar todos inseguros juntos.

Nasce o filho único

Durante muito tempo, nossa vida foi em outras direções, e criamos nossa filha como a maioria dos pais faz, aprendendo na prática. Então, a Internet aconteceu. Naquela época, nossa filha tinha quase quinze anos, e estávamos no meio de dramas adolescentes diários. No entanto, sentimos que tínhamos aprendido muito sobre criar um filho, que é o mesmo que dizer que tínhamos aprendido muito com nossos erros. Eu tinha sido educadora e redatora e tinha trabalhado na admissão de alunos em escola particular durante muitos anos. A parte mais gratificante de minha vida profissional era ouvir com compreensão e objetividade as preocupações de pais e filhos. Mas, por mais recompensadora que minha carreira fosse, eu me sentia pronta para combinar minha experiência em educação e jornalismo e transformá-la em algo novo.

Durante uma conversa que me lembrava a que Judy Garland e Mickey Rooney poderiam ter tido quando estavam inspirados a fazer uma apresentação, meu marido e eu olhamos um para o outro e dissemos: "Por que não fazemos um site e um newsletter e o chamamos de *Only child?*". Embora não fôssemos publicar em um celeiro ou uma garagem (como Judy e Mickey), este seria, sem dúvida, um grande esforço. Eu me tornei editora responsável de um modesto boletim informativo de doze páginas. Meu marido era o editor e *web designer*. As coisas começaram devagar, mas logo ficou claro que eu tinha atingido um ponto nevrálgico. Depois de alguns anos no desenvolvimento do projeto, estávamos recebendo publicidade internacional não solicitada, inclusive sendo citados na CNN e em *Nightly News com Tom Brokaw*, da NBC. Mas o mais surpreendente foram as milhares de cartas e *e-mails* enviados a *onlychild.com* por todo o mundo.

Aqueles que escreviam e enviavam *e-mail* freqüentemente estavam desesperados para receber conselho e apoio. Muitos se sentiam culpados, estressados e confusos. Alguns sofriam de infertilidade e eram incapazes de ter mais de um filho, enquanto outros tomaram a decisão consciente de ter apenas um filho. Mas, em todos os casos, aqueles que entravam em contato conosco queriam saber se estavam corretos. Mais que tudo, eles queriam saber como criar seu filho para ser uma pessoa bem-ajustada. Alguns pais com filhos únicos eram filhos únicos e levavam uma vida feliz. Eles queriam que soubéssemos que perpetuar uma família de filhos únicos era uma situação positiva para eles. Alguns pais de filhos únicos eram sujeitos à insistência de amigos e parentes para terem mais filhos, mesmo quando se sentiam satisfeitos com o tamanho de suas famílias. Eles precisavam saber como lidar com a pressão indesejada e conselhos não solicitados.

De repente, éramos *Dear Abby** para pais de filhos únicos, para filhos únicos adolescentes e para filhos únicos adultos. Soubemos de pais que foram permissivos demais com seu filho único, não conseguindo estabelecer limites e que estavam sofrendo as conseqüências. Também respondemos cartas e *e-mails* de "únicos" de meia-idade, de setenta anos, e de vinte anos que desejavam saber como cuidariam de seus pais com idade avançada. Também havia os garotos universitários que falavam de seu forte vínculo com seus pais e dos altos e baixos de se separarem deles. As preocupações acerca de ter e ser um filho único eram maiores e tinham um alcance muito maior do que teríamos imaginado.

---

* Coluna de grande sucesso, publicada em jornais americanos e assinada por Pauline e Jeanne Phillips, mãe e filha, que dão conselhos e respondem a dúvidas de leitores.

Nossa *newsletter* transformou-se em uma pequena revista. Em um número, escrevi um pequeno artigo sobre o que considerava ser os sete "pecados", ou erros comuns que a maioria dos pais de filhos únicos cometia. A resposta foi devastadora. Isso não quer dizer que os pais com mais de um filho também não cometam aqueles erros, mas tudo fica mais óbvio e de certa forma mais crucial quando se tem apenas um. Sei disso porque ao criarmos nossa filha cometemos cada um desses "pecados" muitas vezes, e ainda lutamos com eles de tempos em tempos.

Felizmente, os erros que os pais de filhos únicos cometem geralmente não são fatais. Mas eles podem, absolutamente, ser destrutivos no longo prazo, caso se tornem parte do tecido da vida. Eu organizei cada capítulo deste livro em torno de um dos sete pecados. São eles: Superindulgência, Superproteção, Fracasso na disciplina, Compensação excessiva, Buscando a perfeição, Tratando seu filho como um adulto e Elogiar demais. Os primeiros pecados são aqueles que nos afastam do tipo de amor e consciência espiritual necessários para se criar um filho único emocionalmente seguro.

Embora a mídia goste que pensemos que toda unidade familiar tem uma mãe, um pai e dois filhos, a realidade é totalmente diferente. De fato, famílias de filhos únicos são a unidade que cresce mais rapidamente neste país*. Nos últimos vinte e cinco anos, o número de filhos únicos nos Estados Unidos mais do que duplicou. Mais de 20% das famílias de hoje são de filhos únicos. Na década de 1970, somente 9,6% de todas as famílias nos Estados Unidos tinham apenas um filho. O tamanho da família está encolhendo na maioria dos países industrializados. De acordo com a U. S. Statistics Division, a taxa de natalidade nos Estados Unidos é de 1,93 filho por mulher. Com 1,13 criança por mulher, a Espanha tem a menor taxa de natalidade. A Itália vem em segundo lugar com 1,2 filho por mulher. A França também não está repondo sua população, com 1,8 filho por mulher. Desesperada para controlar sua população em expansão, a China instituiu a política de um filho por família no início da década de 1970 e conseguiu reduzir o crescimento para 1,8 crianças por mulher. Recentemente, eles afrouxaram um pouco sua política de modo que famílias vi-

* No caso, os Estados Unidos.

vendo em áreas rurais e aquelas que estão dispostas a pagar impostos mais altos podem optar por ter 2 filhos. Isto é o suficiente para dizer que milhões de famílias em todo o mundo têm necessidade de mais informação sobre como criar melhor seus filhos únicos.

Este livro visa a funcionar como um guia aos pais de hoje, cujo tempo e energia são freqüentemente limitados. Por exemplo, um pai que quer saber quais as conseqüências de ser permissivo demais poderia consultar diretamente o capítulo sobre permissividade, em vez de passar por informações que podem não ser pertinentes. Um erro que foi cometido não precisa ser repetido — se os pais tiverem ciência de como evitá-lo. Minha abordagem é prática, e muito do que eu tenho a dizer baseia-se na experiência da vida real. Não sou socióloga nem psicóloga, e este livro não tem o objetivo de ser um estudo acadêmico ou científico. Mas sou uma mãe e educadora que durante anos aconselhou outros pais em todo o mundo.

Entrevistei centenas de filhos únicos e pais de filhos únicos. Meus artigos para *Only child* tratavam de tudo, desde relações entre pais solteiros e seus filhos únicos até como ajudar filhos únicos adultos a encontrar profissionais para cuidar de seus pais idosos. As histórias de vida, os casos e os conselhos profissionais que ilustram minhas observações sobre como educar um filho único têm por objetivo esclarecer e ampliar dimensões. Muitas das histórias foram partilhadas com o entendimento de que nomes e detalhes fossem alterados para garantir a privacidade. No entanto, nada foi perdido na alteração. Espero que essas narrativas ajudem os pais a entender que eles não são os únicos e os ajudem a se sentirem apoiados nas decisões que tomam para seus filhos e para si mesmos.

Todos nós cometemos esses erros em algum momento enquanto criamos nossos filhos (inclusive eu). A idéia é chegar a um ponto em que os cometamos com a menor freqüência possível. E, sim, temos o perdão de nossos filhos quando eles nos dizem o quanto nos amam e como nós os criamos bem. Não se preocupe, isso pode acontecer com você, mas provavelmente não até o seu filho ter passado alguns anos da puberdade. Os pais que se recusam a reconhecer seus erros, entretanto, podem criar filhos únicos incapazes de se separar e viver suas próprias vidas. Este é um negócio sério para o qual há pouco perdão.

Espero que este livro, o qual se baseia na experiência e na pesquisa de longo prazo, lhe seja útil para criar seu filho único. Minha intenção é provocar reflexão e conversa. Se você deseja saber mais sobre nós e nossa publicação, *Only child*, visite nosso site, *www.onlychild.com*, e mande e-mail com suas perguntas ou preocupações para information@onlychild.com. Faremos o melhor para responder às suas perguntas.

Carolyn White

Los Angeles, Califórnia.

Capítulo Um

Superindulgência

Sou pai de um garoto de cinco anos que teve de ser tirado da pré-escola particular na semana passada porque estava causando problemas demais. Ele não freqüentou o maternal porque eu não suportava me separar dele. Além disso, sempre que falávamos em mandá-lo para a escola, ele chorava, e eu cedia. Como ele é nosso único filho, não temos sido capazes de resistir à compra de brinquedos que ele nos pede ou em lhe dar toda atenção que deseja. A professora nos disse que Mario resiste em entender que os outros também precisam do tempo dela e que os blocos e livros devem ser divididos, e isso perturba a classe. Agora, estou ensinando Mario em casa. Eu sei que precisamos mudar a maneira de criar nosso filho, mas não sei como fazer isso.

Quando seu primeiro filho nasce é como se fosse a vinda do Messias. Não digo isso por dizer, mas ter um filho apresenta muitas das características de uma experiência religiosa. O mundo daquele que é pai pela primeira vez vira de cabeça para baixo. De repente, tudo parece mais claro, mais colorido, e até mesmo mais perigoso. Todo ato adquire um significado novo e mais profundo, porque cada bebê é um milagre e uma enorme responsabilidade. Mas quem disse que os milagres não exigem muito de você?

A primeira vez que olhamos nosso filho enche-nos de temor e de emoção. Uma vez que conhecemos muito bem nossas falhas, queremos saber como podemos tratar adequadamente uma criatura tão perfeita. Juramos mudar nossa maneira de ser, melhorar e, é claro, dar a nosso filho toda a nossa dedicação, tempo e recursos. Se isso deixar nosso filho feliz, faremos isso e muito mais. Então, selamos o pacto ao nascimento. Com que freqüência os novos pais dizem a frase: "Eu quero lhe dar tudo"?

Este impulso de oferecer tudo o que existe a um filho é especialmente comum em famílias nas quais há apenas um receptor dessa generosidade apaixonada. Os pais que fazem a opção de ter apenas um filho sabem, desde o início, que ele será seu primeiro e único filho, então, por que não fazer tudo para ele? Freqüentemente, os pais que descobrem mais tarde que seu primeiro filho será o único sentem-se tão inadequados que fariam qualquer coisa para se confortar, inclusive dar a seu filho a lua, as estrelas e uma Mercedes, se ele lhes pedir isso com educação.

Quando há mais do que um filho, os pais ainda acreditam em milagres, mas sabem o custo disso. Eles podem olhar para seu segundo e terceiro filhos, que parecem querubins, e reviver as noites sem dormir, a cólica e os ataques de birra juntamente com o entusiasmo dos primeiros passos, vacilantes, e o fascínio das primeiras palavras.

O segundo e o terceiro filhos têm de esperar sua vez, brincar com a casinha de bonecas da irmã mais velha e acompanhar um irmão no treino de futebol. São especiais e irresistíveis, mas nunca tão encantadores aos pais como o primeiro filho, porque a Disneylândia nunca brilha tanto como na primeira visita. Isso não quer dizer que os filhos em famílias maiores não são exigentes; eles apenas aprendem a exigir menos. Além disso, seus pais veteranos, para sobreviver, aprendem a definir os limites de seus próprios recursos emocionais, físicos e materiais com rapidez.

Contudo, os pais de filhos únicos não precisam se adaptar; eles podem continuar dando até que isso magoe tanto que eles não sentirão mais a dor. Eles podem tornar-se máquinas de gratificação, porque não conhecem nada melhor. Afinal, eles só estão seguindo seus instintos básicos. O problema é que eles não reconhecem o quanto é prejudicial oferecer tanta compreensão, tanta atenção e tanto PlayStation. Muitos pais de filhos únicos querem dar tudo a eles e podem pedir pouco em retorno — no início.

Os dois tipos básicos de permissividade que os pais de filhos únicos têm dificuldade de evitar são a material e a emocional e, às vezes, as duas se sobrepõem. Os pais que gastam milhares em lojas de brinquedos, freqüentemente, estão tentando se sentir melhor e fazer seu filho se sentir melhor por não ter um irmão. Se foi opção deles ter apenas um filho, eles podem não sentir remorso, mas, se puderem comprar aquela girafa de 3 metros de altura, pensam: "Por que não? Só temos um filho". Esta é justamente a frase que pode envenenar o cérebro dos pais. Por que não ajudar Maddy a amarrar os sapatos, embora ela consiga fazer isso sozinha? "Só temos uma, e eu tenho tempo". "Por que não comprar um par de tênis de $150 a Chase?" E assim vai, até o dia em que se percebe isso, quando uma filha única acha que tem direito a gastar $300 para alisar seu cabelo todo mês.

Então, vamos dar uma olhada nesses dois tipos básicos de superindulgência.

Superindulgência material

O mundo lá fora é imenso e, sejamos honestos, os americanos gostam do que é grande. Parece até que não temos Wal-Mart, Big Macs e parques temáticos do tamanho do Texas em número suficiente.

O shopping de maior sucesso no país, o Mall of America em Minnesota, também é o maior. Todo hotel novo em Las Vegas é maior que aqueles que foram construídos antes. As propagandas da American Express agora proclamam que gastar é a nova maneira de poupar. O quê?

Se nossos ancestrais puritanos pudessem nos ver agora, eles poderiam pensar em pegar o próximo navio de volta para a Inglaterra. Não era isso que eles tinham em mente quando abandonaram a corrupção e os excessos da Europa e foram para o Novo Mundo. O ideal deles era uma comunidade que vivesse modestamente, livre da permissividade. Tudo, desde as roupas deles até seu estilo de devoção, era contido e mínimo. É verdade que era uma existência austera e sem graça, mas só levamos algumas centenas de anos para nos transformarmos em especialistas em superabundância. Por exemplo, 60% dos americanos são obesos.

Somos pressionados a escolher. Quando vou ao supermercado, exige-se demais de mim. Eu tenho que decidir entre pelo menos vinte marcas diferentes de sabão para máquina de lavar e tantas marcas de pipoca para microondas que eu posso imaginar toda a cidade de Los Angeles mergulhada no delicioso aroma de pipoca. Às vezes, paro um pouco nos corredores para ler rótulos, tentando me decidir. Finalmente, meu cérebro se cansa e eu desisto, resolvo parar e pego alguma coisa, qualquer coisa, para poder ir para casa.

Recentemente, fui comprar um presente para uma criança de dois anos. Eu queria comidinhas de plástico para ela brincar de cozinha. Deveria ficar surpresa ao descobrir que havia quase tantas opções em alimentos para brincar e miniaturas de caixas de sabão para máquina quantas há no meu mercado local?

O propósito claro da publicidade global é fazer-nos querer coisas que não precisamos e, então, quando as temos, deixar-nos sempre querendo comprar mais. Queremos tudo, e depressa. Quanto mais temos, mais insatisfeitos ficamos. Quanto mais acessos temos às coisas, mais vulneráveis somos a desejar mais coisas.

Então, o que isso tem a ver com o pecado de ser superindulgente com uma criança? Muita coisa! Esta é a cultura em que vivemos. É isso o que nossos filhos vêem, ouvem e absorvem por osmose. A fim de criar uma criança que desenvolva noção de realidade e proporção, precisamos agir em defesa de simplicidade e sua autodisciplina. Por isso, precisamos focar o que é realmente importante. É nosso dever como pais impedir que nossos filhos sejam tragados pelo consumismo e pela permissividade. É nosso dever protegê-los da "necessidade" de ter o último telefone celular e da publicidade incansável que jorra da televisão e dos filmes. É natural que as crianças sejam gananciosas. Se agissem por conta própria, as crianças de cinco anos mascariam balas de goma até ficarem com o estômago enjoado. Como pais, é nosso dever educá-las para serem moderadas e dar o exemplo de como fazer escolhas adequadas.

Desencorajando a ganância

Trabalhamos duro, por isso é claro que de vez em quando nos fazemos algumas concessões. Spas de saúde, férias e yôga deixam-nos renovados, mas nos consideraríamos indulgentes demais se fizéssemos exclusivamente isso durante nossas vidas. Satisfazer nossos desejos revigora-nos, mas o excesso de indulgência pode ser prejudicial. O mesmo pode ser dito quanto à nossa indulgência com os filhos únicos. Gratificá-los pode fazê-los se sentirem bem no início, porque é mais fácil, mas quando isso se torna um hábito, há um enorme potencial para prejuízo e desilusão.

Ser superindulgente com um filho único, quanto aos bens materiais, é uma decorrência. Quando há apenas uma criança, naturalmente, pode-se gastar mais. Os aniversários são ocasiões para lotar os carrinhos na loja de brinquedos, os avós fazem passeios a parques temáticos e, freqüentemente, há dinheiro suficiente para roupas extras ou para o último jogo de videogame, o que poderia não haver, caso se tivesse mais de um filho.

Alguns filhos únicos lembram-se das manhãs de Natal, quando ficaram cansados de abrir montanhas de presentes e perguntaram: "Só isto?". Quando as crianças se comportam assim, os pais ficam chocados e não entendem por que seu filho ficou tão ganancioso. A superindulgência é cumulativa; não acontece da noite para o dia. Sua filha não ficará viciada em compras da primeira vez que você lhe comprar uma Barbie a mais. Mas isso pode acontecer depois que você comprar a Casa dos Sonhos da Barbie, o Salão de Beleza da Barbie e a Agência de Modelos da Barbie. Você compra porque só tem uma filha e pode. Sabe de uma coisa? As estatísticas mostram que os pais de filhos únicos gastam mais com seu filho único que a maioria dos pais gasta com dois ou três!

As crianças não podem aprender valores quando ganham tudo e, de fato, não querem tudo. O que as crianças mais querem é a segurança e o amor que seus pais lhe dão. Os pais precisam aprendem a se conter porque as crianças precisam desejar as coisas para que possam continuar a sonhar.

Estabelecendo limites

Há também a tentação de usar jogos, brinquedos, roupas e viagens para acalmar as crianças. Uma mãe que cresceu com muito pouco esbanja tudo com sua filha de cinco anos. Em vez de dar limites à criança (na verdade, é disso que ela sente falta), ela deixa sua filha ter tudo o que quer, caso ela faça um escândalo. Quando elas vão a uma loja de artesanato, Zoe sai com os braços cheios de pacotes, enquanto a amiga, também uma filha única, mas com pais mais realistas, deve escolher apenas um.

Zoe não tem limites nem dentro nem fora da loja. Quando um adulto lhe diz que ela não pode ter ou fazer algo, ela mostra a língua e diz: "Eu não gosto de você." Quando sua mãe lhe faz um café-da-manhã especial, Zoe empurra o prato e diz: "Eu não gosto disto."

Certa vez, Zoe deitou no chão e gritou porque as coisas não estavam do jeito dela. Então sua avó ajoelhou-se, beijou-a e disse "Zoe, eu amo você". A avó recompensou o comportamento aberrante de Zoe, encorajando-a a repeti-lo. Os berros de Zoe, na verdade, pediam orientação, e não carta branca para se portar como uma criatura criada por lobos.

As crianças querem e precisam que os pais sejam pais. Os limites fazem-nas sentir-se seguras. Todos nós temos visto crianças cujos pais permitem que elas corram pelas lojas. Como Zoe, elas pedem as coisas. E muitas mães e pais entram em pânico porque não têm força para dizer não. Ceder quando seu filho está exigindo e fazendo cena pode parecer uma saída simples. Mas é a saída covarde. Se dizemos não em uma loja cheia, e nosso filho tem um ataque de birra, é constrangedor explicar o que está acontecendo a pessoas que nos são totalmente estranhas. E se não explicamos, temos de lidar com olhares de desaprovação, embora eles possam ter passado pela mesma experiência se também forem pais. Logo, tentamos suavizar as coisas, abrimos nossas carteiras e juramos resolver isso mais tarde em casa — talvez.

Mas, lembre-se, para as crianças o imediatismo é tudo. As crianças vivem o aqui e agora. Um garoto de quatro anos que consegue o que quer na loja não tem a capacidade de entender por que você não lhe dá o que ele quer de novo. Sua explicação adulta —"Eu só lhe comprei aquele Power Ranger porque eu tinha de chegar em casa para o técnico poder entrar e não tinha tempo para discussão", não vai ter sentido. O que o seu filho de quatro anos ouve é — "Eu tinha de chegar em casa para que o técnico entrasse, e da próxima vez que formos à loja, você pode escolher outro Transformer". Em outras palavras, ele sabe que terá o que quiser da próxima vez, porque tem mais poder que você. Ele é muito mais jovem para pensar nisso conscientemente, mas tem certeza de que de agora em diante não haverá limite para ganhar coisas no departamento de brinquedos. Ele sente que está ganhando poder enquanto você sente que está perdendo. Mas não tenha medo de assumir o controle e dizer não. Porém, quando você nega alguma coisa, não deixe de dar explicações simples o suficiente para uma criança pequena entendê-las.

Planejando estrategicamente

Você precisa de um plano de batalha para lidar com a angústia na loja de brinquedos e o *lobby* para o próximo videogame, Xbox, Barbie ou Thomas – o Trenzinho e seus Amigos. Os pais devem ter certeza sobre o tipo de comportamento que esperam de seu filho quando eles vão a uma loja, restaurante ou parque temático, e as expectativas devem ser claras, em uma linguagem adequada à idade.

Estabeleça limites em casa que sejam bem ponderados e que façam sentido para seu filho e sua família. Então, mantenha suas decisões. A criança que está fora de controle porque o pai não lhe compra um patinete é aquela cujo pai não determinou as regras muito antes de o carro da família sair da garagem. As crianças perdem o controle e não são razoáveis exatamente porque seus pais não souberam como ou não tiveram coragem para estabelecer e manter limites.

Quando minha filha tinha três anos, tínhamos uma regra para ir à loja de brinquedos, que era mais ou menos assim: se eu a levasse comigo para comprar um presente de aniversário para um dos amigos dela, ela também poderia escolher um item pequeno para si. Apenas um! Mas eu queria que ela entendesse que o propósito de olhar os brinquedos era escolher um presente para outra pessoa.

Discutíamos o que o aniversariante poderia gostar de ganhar e fazíamos uma lista (que ela ainda não sabia ler, mas guardava na cabeça) de três opções possíveis. Quando era um presente para ela, eu queria que minha filha participasse da compra em vez de eu mesma escolhê-lo.

Então, anotávamos três coisas que ela queria. Três era nosso número mágico tanto para o aniversariante quanto para ela, porque era pequeno e gerenciável enquanto ainda permitia escolha. Sempre escolhíamos primeiro o presente do aniversariante e, então, procurávamos o que minha filha queria. Tendo estabelecido regras básicas em casa, ela não discutia comigo se descobrisse algo que não estava em nossa lista e eu dissesse não. Isso transformava nossas saídas em momentos agradáveis, em vez de uma luta de poder.

Quando eu era criança, o que meus pais falavam era lei. Negociação não fazia parte de nosso vocabulário. Mas, de um modo estranho, a falta de democracia em nossa casa me fez entender quem eu era e a que pertencia. Eu era a filha e não tinha a influência de um adulto. O que meus pais queriam vinha primeiro.

Meus pais eram tudo: advogados, juiz e júri. Eu nem sempre gostava de seus julgamentos ou decretos, mas raramente tentava desafiá-los, pelo menos até me tornar adolescente. A autoridade deles deu-me algo contra o que eu viria a me rebelar quando fosse mais velha! Mas agora criamos nossos filhos de um modo diferente, talvez diferente demais. Embora seja importante ouvi-los, é irracional deixá-los estabelecer as regras. Havia muitas coisas materiais que eu nunca recebi quando criança porque meus pais não tinham como pagar, então aprendi a fazer. Eu não era exatamente a Órfã Annie*, mas me lembro de desejar muito algumas coisas que apareciam magicamente nos aniversários, e de outras que nunca tive. Quando eu conseguia as coisas que há muito desejava, sentia-me uma heroína num conto de fadas.

Aos oito anos, eu ainda brincava com bonecas e sonhava ter uma determinada boneca *baby doll*, mas eu sabia melhor como fazer *lobby* para tê-la. Eu deixava que meus pais soubessem que eu queria aquela boneca, e finalmente no meu aniversário meus avós me presenteavam com ela. Ainda me lembro de como ficava encantada. Eu não tinha muitas bonecas, por isso era um sonho que se realizava. Eu adorava aquela boneca com todo o meu coração, mesmo bem depois de parar de brincar com bonecas. Fico pensando o que nossos filhos desejam com essa intensidade. Se você tem uma Barbie, ela é mais importante para você do que se você tem dez. Dois Power Rangers são tesouros com que se dorme (um em cada mão), enquanto vinte ficam jogados no fundo da caixa de brinquedos.

---

* N. do. R.: Trata-se da personagem criada em 1924 por Harold Gray, *Little orphan Annie* (Annie, a pequena órfã), baseada no poema de James Whitcomb Rley, *Little orphant Annie.*

Os pais de filhos únicos podem usar uma educação com contenção, o que não quer dizer que eu não tenha me sentido culpada por ter sido uma "maria-mole" de vez em quando. Quando minha filha começou a pré-escola, o brinquedo predileto dela era um carrinho. Era um dos veículos de brinquedo mais populares na escola, então ela tinha de esperar freqüentemente a vez dela para dirigi-lo pelo páteo. Ela nos implorava para ter o seu. Ela queria andar de cupê sempre que lhe desse na cabeça, mas as lágrimas e os olhares patéticos dela não nos comoviam. Ela dizia que a melhor amiga dela na escola ganhara o carro e o dirigia com prazer na saída da garagem. De acordo com nossa filha, os pais de Anne eram maravilhosos, mas nós éramos os monstros porque nos recusávamos a comprar o carrinho para ela.

Durante dois anos, nossa filha esperou ganhar o carro no aniversário, no Hanikkah ou no Natal (comemoramos os dois). Mas os desejos dela não foram realizados de propósito. Acredite ou não, dezenove anos mais tarde, ela ainda está desapontada por nunca ter ganho um cupê, mas eu não. Estou contente que a noção de desapontamento seja tão clara, porque isso significa que ela aprendeu que não se tem sempre o que se quer. Talvez até agora, como jovem adulta, ela sonhe em pedalar aquele veículo vermelho e amarelo em nossa rua. Se tivéssemos dado-lhe o carro, nunca teria sido tão extraordinário e excitante dirigi-lo na escola.

Vivemos em um país onde a riqueza, a fama e o glamour são mais prezados que a educação ou os bons trabalhos. Duvido que isso mude, mas nenhum de nós quer que o filho cresça para ser um vigarista corporativo cuja mansão é construída sobre uma fundação de dinheiro roubado. A televisão e os filmes conspiram contra ensinar valores a nossas crianças, e se permitirmos que elas afetem os cérebros de nossos filhos, teremos poucas armas contra o materialismo rampante. A televisão existe para vender a nós e a nossos filhos o máximo de coisas possíveis, mesmo quando não temos posses para isso ou quando não queremos comprar. Se você assiste à programação infantil por tempo suficiente, começa a pensar que o universo é realmente uma enorme loja de brinquedos ou um mercado com prateleiras cheias de cereais adocicados e biscoitos de chocolate. Aquele pessoal das agências de publicidade é treinado para roubar a alma de nossos filhos. Então, como podemos vencer a guerra contra comerciais legais e nomes de marcas?

Criando uma noção de responsabilidade

Torne seu filho uma verdadeira parte de sua casa, dando a ele responsabilidades diárias específicas. A seguir estão algumas coisas que você pode fazer por seu filho:

1. **Limite a televisão**: isso inclui o número de fitas ou DVDs que seu filho vê. Quanto menos seu filho vir, menos influência a mídia terá. Eu conheço gente que não tem TV a cabo em casa. Imagine!

2. **Crie tarefas regulares**: estas mudarão à medida que seu filho crescer e puder assumir mais responsabilidades. Por exemplo:

- *Dois anos*: ajudar a regar plantas, tirar pequenas pragas no jardim, ajudar a montar pequenos sacos de plástico para levar o lanche, guardar os brinquedos.
- *Três a quatro anos*: ajudar a escovar o gato ou o cachorro, a plantar flores, a aguar a grama, a fazer sanduíches para o lanche, a colocar e a tirar a mesa (embora garfos e facas possam acabar em lugares estranhos).
- *Cinco a seis anos*: ajudar a fazer a cama (não ficará excelente, mas e daí?), pendurar suas roupas, ajudar a dobrar e a guardar roupas, a preparar o lanche e os salgados para a escola, a assar biscoitos, trazer o jornal, alimentar os animais de estimação.
- *Crianças mais velhas*: pôr o lixo para fora, esvaziar a máquina de lavar louça, passar o aspirador, tirar o pó dos móveis, separar roupas para lavar, trocar a areia da caixa do gato, levar o cachorro para passear, ajudar a guardar as compras de supermercado.

Em toda idade, é importante deixar claras as prioridades e trabalhar conjuntamente, como família. Parte de um fim de semana poderia ser passada arrumando a sala da família ou organizando o lixo para reciclagem. Fazer seu filho sentir-se parte da vida da família fará com que ele se sinta menos voltado para coisas materiais. John Rice, um filho único de setenta e sete anos, sofreu porque todos supunham que ele fosse mimado, uma vez que ele não tinha de dividir com os irmãos. Mas acontecia o oposto: "Bem, meus pais, Deus os abençoe, pensavam diferente. Eu tinha de trabalhar, aprendi a esfregar o chão, preparar pratos, lavar roupa, tirar o pó, passar o aspirador, e este era apenas o trabalho dentro da casa. Ensinaram-me até a passar minhas camisas e calças, caso eu me casasse com uma mulher que não soubesse como fazer essas coisas. Isto compensou? Minha esposa acha que sim. Eu sempre preparo o café-da-manhã, ela prepara as outras refeições, e eu sirvo a comida. Eu também ajudo no serviço de casa. O que aconteceu comigo foi a melhor coisa que poderia acontecer a um filho único".

Aprendendo a dizer não

Quando nosso filho é pequeno, não pensamos duas vezes em dizer não quando ele tenta pôr o dedo num soquete de luz ou atravessar a rua sem nos dar a mão. Quando as crianças crescem e ganham o mundo, elas nos testam diariamente de outras formas. Dizer não porque você não quer que seu filho único seja mimado ou desrespeitoso, sem ficar maluca com ele, é uma habilidade que você pode adquirir enquanto seu filho se desenvolve.

É claro que as crianças são mestres em nos cansar até cedermos, porque isso não lhes parece ser problema. Afinal, quantas campanhas e discussões podemos suportar? Nosso maior inimigo na guerra contra o "não" é a ambivalência. Com disciplina justa e adequada, podemos ensinar a nossos filhos valores que finalmente farão parte de seu código moral.

Não estamos no século XIX, e nossos filhos não são objetos. Os sentimentos e as necessidades deles também devem ser considerados. Isso significa que os pais têm de ser ponderados, mas não tão ponderados a ponto de se tornarem indecisos. As regras devem ser feitas e implementadas antes de as coisas acabarem mal. Isso é um desafio, e todos nós podemos lembrar de momentos em que ficamos indecisos. Contudo, satisfazer os caprichos de nosso filho único criará uma pessoa assustada e insegura, incapaz de sofrer privações e de dar algo a outros.

As crianças tratadas com excessiva indulgência tornam-se adultos com dificuldade em manter relacionamentos e trabalhar cooperativamente. Se elas sempre tiveram tudo ao crescer, não podem se sentir seguras quando não tiverem tudo mais tarde. Podemos ensinar nossos filhos a serem pessoas efetivas, ponderadas, se criarmos um ambiente em que eles têm expectativas claras de comportamento. Eles têm de entender as conseqüências de seus atos e como eles afetam os outros. Quando os pais dizem não de uma maneira consistente e razoável, as crianças aprendem a respeitar aqueles que estão à sua volta.

A noção de que toda ação tem uma conseqüência é algo que você pode instilar em seu filho desde cedo. Aparentemente, seu filho pode se portar como se ficasse ressentido dos limites que você estabelece, mas no fundo ele sabe, intuitivamente, que, quando você impõe esse limite, está querendo o bem-estar dele.

Quase todo mundo que tem um menino pequeno já sentiu o videogame ferver. O jogo é caro e no seu ponto de vista, ele já gasta mais o tempo do que suficiente no computador. Você não quer que seu filho se sinta de fora, mas também não quer ser superindulgente com ele. Se você tem um parceiro, os dois precisam concordar em como dizer não. A maioria das crianças brilhantes é excelente negociadora, mas seu filho não deve começar a praticar advocacia sem ter licença, antes de atingir a puberdade. Você também não quer que seu filho os coloque, você e seu parceiro, um contra o outro. A união faz a força. Se o seu parceiro não vê nada de errado em comprar a seu filho outro jogo de computador, será difícil apresentar uma frente unida. Não discuta a questão com seu filho até que haja consenso paterno.

Em seu livro *A resposta é não*, Cynthia Whitham lembra os pais que é sua tarefa colocar limites razoáveis às compras. Ela sugere que se você aprova o jogo, mas não tem meios de comprá-lo, elabore um plano para o seu filho ganhar algum dinheiro. Se você dá uma mesada a ele ou lhe paga por um trabalho específico que ele pode executar em casa, então concorde com o que ele pode fazer com aquele dinheiro. Se você não quer que ele o use em videogames, faça disso parte do plano desde o início. Mas ele não vai achar que é justo se você disser que ele pode usar o dinheiro para o que quiser e, então, proibi-lo de comprar videogames. É muito mais fácil, diz Whitham, estabelecer diretrizes desde o início sobre o que você considera adequado. Fale com ele honestamente sobre o que você acha e ouça os sentimentos dele. Vocês podem ter pontos de vista diferentes, mas ele precisa ouvir com respeito. Você deve chegar à conclusão sobre quais videogames são aceitáveis e quanto se pode gastar neles. Então, lembre seu filho daquela conversa, se mais tarde ele tentar "alterar" o contrato.[1] Você pode até querer transformar o contrato oral em escrito. Dessa forma, tudo estará claro.

Percebendo que menos pode ser mais

Em 1999, Roberto Benigni ganhou um Oscar por seu filme *A vida é bela*. Em seu discurso de agradecimento, Benigni agradeceu a seus pais pelo dom da pobreza. Fico pensando quantos americanos que ouviram essa fala entenderam sobre o que ele estava falando. Por que alguém seria grato à pobreza? Fugimos da pobreza e nos escondemos de vergonha se alguém descobre. Acho que Benigni quis dizer que a pobreza lhe deu uma perspectiva que mais nada poderia ter-lhe dado. Talvez, como minha mãe, Benigni acreditasse que passar necessidade tenha-lhe dado recursos. Ele aprendeu a fazer alguma coisa com muito pouco e a apelar para seus poderes criativos. Certamente, não estou defendendo a pobreza para ninguém, mas defendo um tipo de escassez manufaturada, principalmente para filhos únicos, mesmo quando a abundância é a ordem inevitável das coisas.

Aqui estão alguns exemplos de como se viver com menos:

- *Veja se seu filho tem bastante tempo para usar a imaginação*. Minha mãe cresceu durante a Depressão e tinha poucos brinquedos. Ela fazia bonecas de pano ou de pauzinhos. Embora isso seja extremo, ela adorava fazer aqueles brinquedos, com uma adoração que eu nunca vi minha filha ou suas amigas sentirem por suas bonecas.
- *Incentive a brincadeira dramática*. As crianças de quatro a sete anos adoram experimentar novas personas. Tenha uma caixa ou um baú cheio de roupas velhas, chapéus e bijuterias que seu filho possa usar. Deixe algumas fantasias de Halloween. Os meninos adoram vestir-se de Homem-aranha, Harry Potter ou Batman. Se sua menina viu *O Mágico de Oz*, ela pode se divertir fazendo o papel de Dorothy, principalmente se você puder encontrar um par de sapatos

vermelhos, bem chamativos. Além desses, há os velhos papéis de sempre: bailarinas, enfermeiras, médicos e mestres de caratê.

Acredite, eu sei que não é fácil recusar algo, porque já vivi isso, mas é a única forma, em nossa sociedade dirigida para o consumo, de ajudar nossos filhos a aprender valores e a mantê-los calmos.

Superindulgência emociomal

Em nossa casa, a indulgência material raramente era problema, exceto com os avós. Mas a superindulgência emocional era uma força incansável que freqüentemente tinha o melhor de nós. Estávamos sempre lá para nossa filha, e nesse sentido fomos bons pais, mas havia momentos em que provavelmente éramos disponíveis demais. Raramente a desapontamos, e suponho que deveríamos nos orgulhar do fato de sermos tão conscientes. Mas, pensando agora, mais desapontamento poderia ter-lhe sido melhor. Certa dose de negações contribui para a independência, e, à medida que crescem, as crianças precisam saber que podem fazer as escolhas certas sem estarmos sempre lá para ajudá-las. Às vezes, no entanto, filhos únicos autoconfiantes podem, de fato, ser responsáveis demais, e permitir que eles sempre tomem iniciativas pode levar a outro tipo de permissividade.

Nossos filhos únicos precisam aceitar menos e apreciar mais, mas isso não é tudo. Temos outra obrigação como pais de filhos únicos, e deixe-me dizer de cara que essa responsabilidade é muito mais difícil de realizar do que a primeira. Pais, avós, pessoas que cuidam da criança, tudo deveria ser observado. A superindulgência emocional pode ser até mais prejudicial para se criar um filho único feliz, saudável, que a superindulgência material. Posso falar de coração sobre isso, porque foi um erro que cometi com minha própria filha. Vou ser um tanto confessional, digamos, mas admito que quando minha filha era pequena, eu queria tornar tudo mais fácil para ela e me esforçava ao máximo para fazer isso. Aprendi a lição quando ficou claro que ela não conseguia se decidir se queria pasta de amendoim ou atum para o lanche sem me consultar, como se eu fosse o rabino dela!

Evitar a permissividade emocional de qualquer forma exige a vigilância e, às vezes, a paciência de um mestre Zen. Para criar crianças competentes, conscientes, que se sentem em casa no mundo, precisamos chegar a um equilíbrio. Podemos dar a nossos filhos toda a atenção que eles exigem para se sentirem amados sem transformá-los em potentados exigentes. Os pais não querem viver com uma criança sem controle, e não deveriam sentir-se culpados em manter parte de sua vida adulta separada de seu filho. Estabelecer limites e dizer não pode fazer toda a diferença entre o caos e a harmonia, tanto em sua casa quanto no espírito de seu filho.

A psicóloga Nina Asher e seu marido, Steve, são pais de Maggie, de dezessete anos. Nina diz que eles sempre foram claros quanto a não cederem demais a Maggie com coisas materiais, mas eles cederam, talvez demais, à capacidade de Maggie ser competente no mundo adulto. Veja como:

> Freqüentemente, diferimos o julgamento de Maggie porque é bom na maior parte das vezes, mas ser indulgente com a 'atitude adulta' dela impede-nos de ser uma unidade separada. Ela quer ser como nós, e, geralmente, é fácil demais permitir isso, porque ela se porta como um adulto. Porém, às vezes, ela precisa de ajuda, mas deixa as coisas rolando até ficar uma confusão só, porque quer resolver tudo sozinha. Por exemplo, no ano passado ela teve problemas com uma aula de matemática, mas em vez de nos contar, tentou resolver tudo sozinha. Ela carregou esse peso por muito tempo antes de nos pedir para intervirmos. Então, as coisas ficaram muito mais sérias. Precisamos deixá-la saber que estamos lá para ajudá-la.

A superindulgência emocional pode ter conseqüências para os pais e filhos únicos que podemos não prever no início. Entretanto, há meios de evitarmos isso.

Não sacrifique sua vida

Joan Baker é a mãe de Austin, de cinco anos. Nos três primeiros anos da vida de Austin, Joan foi produtora de televisão. Ela decidiu deixar seu emprego, que exigia muito dela, para ter mais tempo em casa com seu marido e seu filho. "Eu estava perdendo tanto do crescimento de Austin que mudei de carreira para poder ter um horário mais flexível."

Mas Joan ficou tão envolvida na vida de Austin que a dedicação dela ameaçou consumi-la. "Por muito tempo", ela diz "achávamos que Austin tinha de ser entretido a todo momento, por nós ou pelos colegas. Finalmente, descobri que eu estava ignorando a mim mesma. Parei de ir à ginástica e comecei a me sentir ressentida e tensa. No inverno passado, Austin começou a se comportar mal, a me deixar elétrica, e eu senti que estava perdendo o controle dele. Entrei em pânico e decidi fazer terapia. Decidi que precisava de um tempo para mim mesma e envolvi meu marido para cobrir essa minha folga. Agora, toda noite, medito durante meia hora e não me sinto culpada em dizer a Austin para ir para o seu quarto e brincar com os brinquedos.

Como resultado de meu afastamento, ele passa longos períodos em brincadeiras de faz-de-conta com seus personagens de ação e se sente mais seguro consigo mesmo. Ele é muito mais independente. Na noite passada, ele saiu da banheira e se enxugou antes que eu chegasse lá para ajudá-lo. Eu pensei: 'Ah, eu queria fazer isso', mas estou orgulhosa dele por ter tomado a iniciativa."

Aos poucos, Joan está aprendendo a diferença entre dar atenção e ser permissiva demais.

Filhos únicos adultos que cresceram com a total atenção dos pais reconhecem que isso estimulou sua auto-estima e noção de segurança. Mas alguns filhos únicos adultos reconhecem que a atenção que receberam também teve conseqüências negativas.

Fran Lantz, uma reconhecida autora de livros para adolescentes, é filha única e tem um filho único. À primeira vista, sua infância foi ideal. Seus pais eram compreensivos e dedicados. Entretanto, embora eles não enchessem Fran de brinquedos, não necessariamente seguiam uma disciplina. A mãe de Fran sempre teve tempo para ela e, de fato, não media esforços para fazer as coisas para Fran que poderia não ter feito se tivesse mais de um filho.

"Lembro-me de minha mãe dizer não", explica Fran. "Mas também me lembro de ser punida e assim evitar discussão. Minha mãe me dizia que eu não podia sair e brincar com minhas amigas, mas então eu corria quando ela estava no telefone (perguntava se podia sem esperar uma resposta dela), e me safava dessa forma.

Alguns anos atrás, minha mãe me disse que quando eu queria sair, ela geralmente parava tudo e me levava. Na época, eu não sabia que ela estava fazendo aquilo. Ela se mostrava sempre tão satisfeita em fazer isso que eu não percebia que estava sendo mimada. Ela também me disse: 'Seu pai me advertiu que eu a estava mimando e que eu me arrependeria'. Mas, para mim, a maior indulgência era a atenção de meus pais. Eles sempre me ouviram e agiram como se tudo o que eu dizia fosse interessante. Eles me faziam sentir que ser eu mesma era suficientemente bom. Isso era excelente em muitos sentidos, mas tinha um aspecto negativo. Como adulta, tive de aprender repetidas vezes que ninguém fica impressionado comigo só porque sou a Fran."

Deixe claro seus direitos

Elaine e seu marido, Bob, nunca planejaram ter um filho. Quando seu filho, Mark, chegou, foi uma surpresa com a qual levaram um tempo para se acostumar. Uma vez passado o choque, entretanto, eles ficaram tão encantados com seu capetinha que tiveram dificuldade em dizer não a tudo o que ele queria, e isso incluía dormir na cama deles bem depois de a ***"cama ter esfriado"*** para ele. Agora que Mark tem três anos, eles desejam dormir bem à noite e ter certa privacidade, mas não sabem como conseguir isso. Além do mais, sempre que Elaine não consegue acalmar Mark, ela lhe oferece o peito. Então, Mark tem o que ele quer enquanto Elaine e Bob pensam como conseguirão passar mais um dia sem ter de lidar com ataques de birra.

A ironia é que as crianças como Mark na realidade são mais infelizes quando conseguem o que querem do que quando não conseguem. Concordo com Wendy Mogel, que escreve em *The blessing of a skinned knee*: "Um sistema democrático não funciona bem para cães ou crianças: ele só as faz sentirem-se inseguras. Os pais sentem-se enganados porque seus filhos são uns debatedores hábeis, mas os filhos não estão psicologicamente preparados para vencer esses debates. Eles não têm maturidade para controlar o que vêem pela televisão, para monitorar sua própria linguagem ou para aprender boas maneiras sozinhos. É importante começar ensinando às crianças que "quem manda é você", quando elas são muito pequenas, e lembrá-las sempre disso, até que elas tenham idade suficiente para sair de casa."[2]

Logo, o que deve ser feito com uma criança de três anos que não dorme na sua própria cama? A resposta não é fácil, se o hábito está bem estabelecido. Você terá de ser firme e não ceder, mas isso é crucial para sua saúde mental e física. Você pode precisar ter a paciência de Jó e a capacidade de meditar de Gandhi. Você pode até chegar ao ponto de querer chamar um exorcista, mas se quiser seguir o que Cynthia Whitham e eu recomendamos, faça o seguinte:

- Explique que ele está ficando grande e é hora de ele dormir na cama dele.
- Não o estimule demais antes de ir dormir. Desligue a televisão ou o vídeo. Comece a relaxar. Estabeleça uma rotina. Whitham sugere que você coloque seu filho na cama, leia uma história para ele, dê-lhe um beijo de boa noite e diga-lhe que você vai voltar para vê-lo dali a pouco. Volte minutos depois e, se ele não tiver adormecido ou estiver chorando, diga-lhe que você vai voltar para vê-lo, mas não se ele continuar rebelde.
- Se ele pedir água ou outra história, finja que ele não está lá. Quando ele estiver quieto, mas ainda não adormecido, volte e lhe dê um abraço. Diga-lhe como ele é ótimo por dormir na própria cama. Ressalte que os super-heróis preferidos dele não dormem com suas mães e pais. Saia e volte depois de dez minutos para vê-lo.
- Se ele sair da cama, leve-o de volta, mesmo que ele tenha um ataque de birra completo com socos e gritos. Se ele sair da cama outra vez, repita o processo, até que ele entenda o recado. Toda vez que você o levar de volta para a cama, diga: "Você vai voltar para a cama". Não mude o script.[3]

Lembre-se, você é realmente maior e mais forte que seu filho pequeno. Pode resistir a ele (coloque um tampão de borracha no ouvido, se você precisar), e no final, sua recompensa será a oportunidade de ter intimidade com seu companheiro (ou de ler o último romance de Stephen King). Ah, e uma boa noite de sono, é claro.

Não se torne um escravo

A hora de dormir era o ritual favorito em nossa casa, mas sem perceber também fomos superindulgentes. Nossa filha sempre dormiu em sua própria cama, mas nos esquecemos de limitar o número de histórias que líamos para ela, porque adorávamos o vínculo da hora de dormir, pelo menos tanto quanto ela. Adorávamos aninhá-la, beijá-la e ler *Fox in love* e *Babar*, tanto que descobrimos que uma história estava virando três ou quatro. Pela terceira história, geralmente adormecíamos, e nossa filha fingia dormir, apertando os olhos. Mas, quando estávamos saindo de mansinho, ela abria os olhos, e uma vozinha determinada dizia: "Leia mais. Leia mais". Do jeito como éramos bobos, continuávamos lendo até que começamos a detestar a adorável Madeline e ficaríamos contentes em ver Eloise se perder para sempre nos interiores do Hotel Plaza.

Finalmente, entendemos. Nós tínhamos nos tornado escravos, e nossa filha de cinco anos tornara-se nosso senhorio. Depois de meses, sentimo-nos usados e decidimos que era hora de fazermos algumas mudanças. Dissemos à nossa filha que contaríamos apenas duas histórias na hora de dormir, e quando terminássemos, sairíamos do quarto. Chega de aconchegá-la. Luzes apagadas! Bem, a primeira semana foi dura para todos nós. Eu sentia falta dos aconchegos extras e do prazer de beijar a testa de minha filha mais dez vezes e acariciar o cabelo dela.

Ela reclamou muito. "Não consigo dormir. Preciso de outra história". Ela acendia a luz e saía da cama para nos encontrar. Nós a levávamos firmemente para o quarto dela e repetíamos: "Chega de histórias. Já lhe contamos duas". Este cenário ocorreu várias vezes durante semanas. Isso nos deixou ligeiramente loucos, mas tivemos o apoio um do outro, conseguimos nos manter unidos e não cedemos à pressão. Na época, éramos pecadores arrependidos.

Charlotte e Dan gostariam de se arrepender, mas não sabem como. Sua filha de seis anos, Jenna, está tendo dificuldade para dormir a noite toda em seu quarto porque ela está "sozinha e você e o papai ficam juntos". Em mais de uma ocasião, Charlotte e Dan caíram nesse conto e permitiram que Jenna dormisse em seu quarto durante algumas horas, e então voltasse para mamãe e papai. Esse casal é vítima das manipulações inteligentes de sua filha, porque eles não suportam pensar que ela se sinta "sozinha". Charlotte sabe que dois adultos inteligentes não deveriam ser levados por uma criança de seis anos, mas eles são prisioneiros voluntários.

Eles sabem que estão sendo permissivos com sua filha, mas acabar com esse comportamento parece mais assustador do que continuá-lo. Charlotte e Dan provavelmente temam estar sozinhos também, e eles estão em boa companhia. Pense nas conotações negativas que a palavra "sozinho" carrega. Não queremos jantar sozinhos, viajar sozinhos, ir dançar sozinhos e, certamente, não queremos envelhecer sozinhos. Mas talvez desejemos pensar sozinhos, tocar piano sozinhos, fingir ser a Rainha Elizabeth I sozinhos. Talvez, quando estamos sós, descobrimos quem somos realmente, porque não há filtros pelos quais temos de nos apresentar.

Descubra o valor da solidão

Nossas vidas adultas geralmente são repletas de atividades que quase garantem que nunca seremos sós. Então, achamos que é perfeitamente natural preencher a vida de nosso filho com aulas de dança, música, teatro, futebol, beisebol, *softball*, escotismo mirim e assim por diante. Algumas crianças pequenas seguem uma programação tão intensa que ficam ocupadas desde a hora em que acordam de manhã até quando vão para a cama à noite. Os pais de filhos únicos sentem a necessidade de engajar seus filhos em brincar com amigos e aulas sem parar, porque se o seu filho ficar sozinho ele não saberá o que fazer e pode — Deus proíba! — sentir-se só, o que de alguma forma conota ser um excluído.

Quando eu era menina, a maioria das crianças não ia à pré-escola; nosso universo era a rua onde vivíamos. Depois da aula, brincávamos com as crianças vizinhas, e se não havia ninguém para brincar, brincávamos sozinhos. Deixávamos nossa imaginação fluir e vivíamos em lugares onde não havia limites para quem ou o que pudéssemos ser. Uma hora eu era professora e minhas bonecas eram minhas alunas. Então, eu era a primeira bailarina do Balé da Cidade de Nova York ou a Branca de Neve (meus animais de pelúcia eram os anões) ou Cinderela. As possibilidades eram infindáveis, porque eu não tinha que correr com aulas nem brincar com colegas. Sim, lembro-me de que, às vezes, eu ficava aborrecida, mas isso era quando minha imaginação ficava acelerada demais.

Quase todo filho único adulto que eu entrevistei ou sobre quem li diz que seu tempo sozinho foi a melhor coisa que lhe aconteceu, mesmo que algumas horas ele se sentisse só. Um pouco de solidão é tão produtivo para as crianças quanto para os adultos. Quando Henry David Thoreau foi viver na mata, ele foi para simplificar sua vida e pensar sem que o ruído do mundo interferisse em seus pensamentos. Os escritos que resultavam daquela experiência têm influenciado as pessoas a simplificar suas vidas de modo que eles possam definir quem são ao passarem de uma etapa de desenvolvimento para outra.

O poeta E. E. Cummings referiu-se ao progresso como uma doença "confortável". Como nação, somos obcecados com a próxima grande coisa, que adotamos com gosto quando aparece, e, em seguida, descartamos por outra coisa grande. Mas nossa busca incansável pela estimulação pode, ironicamente, deixar-nos esgotados. Ao contrário de outras culturas que relaxam com ritmos ancestrais como parte da vida diária, devemos criar conscientemente ocasiões para relaxamento. Como esta é uma realidade de vida nos Estados Unidos do século XXI, devemos dar a nossos filhos únicos a oportunidade de não fazerem nada.

Um pouco de solidão é algo de que nossas crianças podem realmente usufruir. O tempo a sós é como PlayDoh. Você pode torcê-lo, esticá-lo e moldá-lo a seu gosto. Ele oferece espaço para você investigar possibilidades e testar os limites da imaginação. Jimmy Dufyy, filho único e recém-formado na Universidade de Califórnia-Berkeley, foi feliz por ter hora de folga quando criança. Jimmy aproveitava para ler e lembra-se de sentir-se contente. Havia sempre algo que ele podia fazer em seu quarto. Às vezes, ele brincava de guerra com seus Transformers ou inventava sagas infindáveis com os brinquedos de He-Man.

O ator Al Pacino gostava de brincar só quando era criança, porque em seu quarto ele tinha liberdade de imitar atores que ele via no cinema sem que ninguém o julgasse. Minha filha passava dias inteiros brincando com sua casa de bonecas e dramatizando novelas com pessoas em miniatura que podiam ter-lhe assegurado uma hora no programa de Oprah. De vez em quando, eu espiava no quarto dela e ouvia os dramas que ela estava montando. Ela era produtora, diretora e o elenco de personagens. Enquanto se envolvia na brincadeira dramática, ela ficava totalmente absorta, e eu não me lembro de vê-la reclamar para nós por estar só e chateada. Ela gostava de explorar suas fantasias na segurança de seu próprio ambiente.

Se achamos que estamos fazendo um favor a nossos filhos únicos permitindo que eles façam todas as aulas e brinquem com todos os amigos que conseguimos orquestrar, estamos errados. Os pais deveriam procurar um equilíbrio entre interação social, aulas para estimular e oportunidade para seus filhos passarem tempo sós, lendo, pintando, desenhando ou mesmo conversando com um colega imaginário.

Encher nossos filhos de posses materiais e estruturar o tempo deles de modo que eles estejam sempre ocupados não os ensinará a ter paciência e não os ajudará a entender que coisas boas acontecem àqueles que podem esperar. Se o seu filho aprende que os privilégios devem ser conquistados e esse tempo gasto sozinho o tornará feliz e seguro em sua individualidade, então sua vida como família está fadada a ser menos conflituosa.

Uma vez que somos tão dirigidos para o sucesso, é difícil aceitarmos a noção de que se aprende errando. Estou certa de que aprendi mais com meus fracassos que com meus sucessos. O que nossos filhos querem e o que eles precisam são, freqüentemente, coisas distintas, e o mesmo pode ser dito de nós. Queremos proteger nossos filhos únicos de desapontamentos, mas não é disso que eles precisam. Queremos que eles conservem sua inocência, mas também é nossa tarefa introduzi-los ao mundo, com todas as suas faltas. Somos professores e modelos de nossos filhos. Se não podemos impor limites, eles também não serão capazes disso. Se tememos e receamos soltá-los, eles se apegarão a nós e terão problema para se tornarem pessoas com sua própria individualidade.

Como os pais podem evitar ser superindulgentes com seus filhos únicos

Aqui estão algumas dicas para ajudá-lo a evitar ser superindulgente com seu filho único:

- Não tente dar a seu filho tudo o que você não teve quando criança. Seu filho único não sabe o que ele está perdendo.
- Decida quais são os valores de sua família desde o início (isso significa desde o nascimento), e torne-os parte de sua vida diária.
- Estabeleça limites que funcionem à medida que seu filho se desenvolve. Seja firme, mas flexível.
- Permita que seu filho faça coisas "erradas". Deixe que ele aprenda com seus erros, contanto que eles não ponham em risco sua saúde e bem-estar.
- Seja bom consigo mesmo e também com seu filho. Tenha um tempo seu. Seu filho o respeitará por isso.
- Aprenda a dizer "não" com firmeza. Não deixe que seu filho de quatro anos, contestador, convença-o a mudar o que você sabe que é melhor para você e para ele.
- Ensine seu filho a valorizar o dinheiro, incentivando-o a trabalhar, seja fazendo tarefas extras para você ou cuidando de bebês da vizinhança.
- Assim que seu filho tiver idade suficiente, deve ter um emprego. Quando sua filha entender quanto tempo leva para ganhar dinheiro suficiente para aquelas luzes no cabelo, ela pensará duas vezes em gastá-lo. Ela também respeitará o quanto você trabalha para ganhar seu dinheiro.

Faça o seu Teste

Você é um pai superindulgente?

- Você se vê fazendo para o seu filho o que você sabe que ele pode fazer sozinho?
- Seu filho exige atenção e coisas materiais além do que é razoável?
- As necessidades emocionais e materiais de seu filho encobrem totalmente as suas?
- Seu filho é incapaz de entender a palavra não?
- Você é incapaz de dizer não porque tem medo de seu filho não gostar de você se você lhe negar o que ele quer?
- Você tem dificuldade para impor limites a seu filho porque não suporta pensar que ele esteja se sentindo infeliz?

Os pais de um filho único que respondem sim a essas perguntas estão em risco de se tornar ou de ser superpermissivos. O filho que sabe que pode ter o que quer corre o risco de perder contato com a realidade, o que irá afetar negativamente sua vida social e emocional. As crianças que têm tudo (ou pensam que podem ter) freqüentemente têm dificuldade em partilhar e, na verdade, são inseguras. Uma criança que não consegue ouvir seu não, não consegue ouvir o não de seu professor. Uma criança que depende do incentivo dos outros não consegue aprender a estimular a si própria. Para a criança criada com permissividade, o copo está freqüentemente meio vazio, porque nunca é o suficiente. Pearl S. Buck certa vez lembrou que somente os corajosos deveriam ensinar.

Os pais também devem ser corajosos a fim de questionar a permissividade e resistir à superproteção, que é um parente próximo da permissividade, problema que será discutido no próximo capítulo.

Capítulo Dois

Superproteção

Sou filha única, tenho vinte e cinco anos, e acabo de me formar na faculdade porque perdi muitos anos. Meus pais eram tremendamente superprotetores e tinham tanto medo que alguma coisa acontecesse comigo que talvez eu tenha sido prisioneira. Eles se preocupavam com quem eu me relacionava, o que eu fazia e aonde eu ia. Eu nem tive permissão para tirar carteira de motorista até ir estudar fora. Meu primeiro ano de faculdade foi um desastre. De repente, eu tinha liberdade, mas não sabia como lidar com isso. Eu nunca estudei; só fazia festas. Fiquei de recuperação durante dois anos. Então, certa noite, fui a uma festa da faculdade e bebi tanto que fiquei em coma. Como meus pais nunca conseguiram me dar liberdade, eu nunca aprendi a lidar com a pressão dos colegas nem a tomar boas decisões sozinha. Eu era muito confusa.

O Jardim do Éden era um paraíso onde Adão e Eva estavam totalmente protegidos. O clima era perfeito, então eles não precisavam de roupas para se proteger do calor ou do frio. Homem e mulher estavam em sintonia um com o outro, com a natureza e com Deus. Eles nunca conheceriam a derrota ou a morte, mas também não conheceriam a emoção da realização. Eles podiam fazer o que quisessem, sempre que quisessem, exceto comer o fruto da árvore do conhecimento.

A vida no jardim era de luxúria e paz, mas bem desinteressante até que a serpente apareceu. Ela conseguiu fazer Eva cair em tentação. De que outra forma ela venceria seu aborrecimento? Ela alegou que a serpente a seduziu, mas é porque ela estava pronta para ser seduzida. Eva estava tão pronta para a experiência quanto o fruto que ela consumiu estava maduro para ser colhido. Então, ela falou docemente com Adão para ele dar uma mordida, e ele também estava pronto. Ambos acabaram com a monotonia de ser cuidados dia e noite e estavam preparados para participar de todos os aspectos da vida. Tomando a história literalmente, teríamos concluído que se eles não agissem como adolescentes rebeldes, onde os seres humanos estariam? Para crescer, as crianças têm de conhecer tanto a alegria quanto o sofrimento.

Não há mãe nessa lenda, mas, se houvesse, ela provavelmente estaria debruçada sobre o portão do jardim, chorando inconsolavelmente enquanto seus filhos eram expulsos para ir viver no mundo. Desde o momento em que nossos filhos nascem, a segurança e a proteção deles é nossa preocupação básica. Em princípio, nossos pequeninos são totalmente dependentes de nós, e os guardamos generosamente. Mas à medida que eles crescem e adquirem novas habilidades, temos de abrir os portões ainda mais, percebendo que finalmente eles serão capazes de cuidar de si mesmos.

Por que os filhos únicos são freqüentemente superprotegidos

Vivemos em um mundo onde o medo toma o ar como fumaça. Ele é bombeado para dentro de nossos lares por novos programas, que não têm início nem fim, vinte e quatro horas por dia, programas que relatam todo o tipo de acontecimentos que nos desagradam: ataques terroristas, guerras, códigos amarelo e laranja, estagnação econômica, desastres ambientais, para não mencionar os medos causados por eventos que ocorrem em nossas próprias comunidades e vizinhanças. Esses medos são especialmente penosos para os pais.

De acordo com o U. S. Department of Justice Bureau of Justice Statistics, os índices de crimes violentos têm declinado continuamente desde 1994 e estão para atingir os níveis mais baixos já ocorridos.[1] No entanto, as transmissões de TV estão congestionadas de histórias de horror sobre predadores da Internet e crianças que têm sido tiradas de suas casas, sofrem violência dos pais, ou que estão lutando com a reabilitação de drogas.

Não é de admirar que ensinemos nossos filhos a se defender caso alguém tente agarrá-los, façamos advertências para não falarem com estranhos e queiramos ficar de olho neles o tempo todo? Faz sentido ser melhor prevenir do que lamentar, mas, por mais que desejemos isso, não podemos seqüestrar nossos filhos únicos e deixá-los atrás das paredes de um jardim mítico para garantir a segurança deles. E, mesmo que o fizéssemos, o que eles viriam a ser?

Certamente, todos os pais se vêem tentando gerenciar o destino de seus filhos uma vez ou outra. Mas os filhos únicos e seus pais enfrentam um dilema incomum com relação à superproteção. Uma vez que o relacionamento deles com seu filho é tão íntimo, os pais podem achar que se envolver em todo aspecto da vida de seu filho é uma parte natural de seu relacionamento. Em conseqüência, há uma forte tendência em famílias de filhos únicos para que os pais sejam superprotetores. E essa superproteção pode tornar-se uma desvantagem real para uma filha única, impedindo-a de desenvolver-se normalmente, de um modo que ela cresça naturalmente a partir de sua experiência, da tentativa e do erro e da liberdade para aprender por si mesma.

Em vez de sermos superprotetores, nós, pais de filhos únicos, precisamos dar a nosso filho as técnicas que lhe permitirão selecionar as coisas racionalmente, os valores que contribuirão para que ele faça julgamentos seguros e a autoconfiança que ele precisa para saber que finalmente será capaz de agir competentemente por si mesmo. O problema é que para aprender quais são as boas decisões nossos filhos únicos têm que tomar más decisões também. É particularmente estressante para pais de filho único testemunhar isso, porque eles investiram muito naquele indivíduo.

Os pais atemorizados criam filhos atemorizados, que se retraem, em vez de encontrarem suas paixões. Tive muitos pesadelos sobre o que poderia acontecer com a minha filha quando eu não estava olhando ou quando forças mais poderosas que eu assumiam o comando. É claro que eu não podia imaginar como eu viveria se ela fosse tirada de mim. Então, um dia, uma dessas forças nos acordou com um choque.

O que está fora de controle

Em 1994, Los Angeles foi atingida por um grande terremoto. O abalo violento começou às quatro horas da manhã. Minha filha tinha catorze anos, e eu me lembro que ela, meu marido e eu ficamos juntos na parte mais segura da casa, enquanto a cidade estava levando um soco no estômago. O movimento, a escuridão, os sons eram aterrorizadores, mas o mais aterrorizante de tudo foi saber que havia pouco que meu marido e eu podíamos fazer para proteger nossa filha única. Nós aguardamos e rezamos para que a casa não desabasse. Tivemos sorte, e tudo deu certo. Mas foi num daqueles momentos que percebi que não havia muito o que podíamos fazer para proteger nossa filha. Nós a havíamos enviado a uma escola excelente, conhecíamos os amigos dela e seus pais e tentamos dar-lhe os limites de que ela precisava para estar segura em circunstâncias comuns. Entretanto, havia o destino — um desastre natural, um ato divino, para falarmos assim — que não podíamos controlar.

Naquela manhã, aprendi que eu não podia segurá-la tanto. Eu tinha de aceitar o inaceitável, que alguma coisa podia acontecer com minha filha, mas também que eu acharia uma forma de sobreviver. Ainda agora, que minha filha tem vinte e três anos, eu me preocupo quando ela anda de carro pelas rodovias, ou em ser pega por um terremoto horrível sem estarmos perto para segurá-la. Quando esses pensamentos tomam conta de mim, reconheço a autoridade deles e, então, penso em algo mais positivo. Penso no quanto minha filha está se esforçando para descobrir o que ela quer fazer com a vida dela e até onde ela chegou desde que estava abraçada a nós naquela manhã definitiva. Tenho de esperar que o destino seja generoso conosco, e se não for, lidaremos com ele quando chegarmos lá.

Naturalmente, todos os pais cuidadosos acompanham de perto seus filhos pequenos, mas os pais de filhos únicos conseguem guardar seu filho com zelo especial, porque a criança é a única, aquela que foi tão difícil para conceber ou para trazer ao seio familiar, aquela que é tão preciosa. Os pais de filho único só pensam nele enquanto ele está na ponta do calcanhar no alto do escorregador, e os pais de três filhos podem ter muitas outras coisas passando pela cabeça.

Por exemplo, Janet tem três meninos. Quando ela os leva ao parque, sabe que Jordan, de nove anos, o mais velho e o que arrisca mais dos três, tentará se pendurar nas barras. Também foi ele quem quebrou a perna andando de esqui no inverno passado e, às vezes, pressiona seus irmãos mais novos, cautelosos, para o acompanharem. E há os outros dois, Cleo, com cinco, e Sam, com três. Como são mais novos, também exigem supervisão contínua.

Uma vez que é fisicamente impossível estar em três lugares ao mesmo tempo, alguma coisa tem de ceder. Janet aprendeu que ela só pode fazer o melhor de si e nada além disso. Sim, provavelmente ela irá outras vezes para o pronto-socorro com o pequeno diabinho, mas ela se resigna com essa possibilidade. Ela pode ficar sem saber o que fazer, porque sua energia tem limite, e ela só tem dois olhos e não seis. Além disso, Janet se beneficia da experiência de ter mais de um filho. O nível de preocupação dela com a segurança de seu filho do meio e do mais novo quase sempre será menor do que ela sentiu com seu primeiro filho.

Quando minha filha tinha cerca de oito meses, minha amiga Tamie tinha dois filhos – um com três e uma filha, Terry, para completar um ano. Terry e minha Alexis começaram a aprender a andar ao mesmo tempo. Mas quando Terry caiu e bateu a cabeça, Tamie mal reagiu, enquanto eu praticamente me desintegrei quando minha filha foi de cabeça ao chão. Eu costumava correr atrás de meu bebê para garantir que ela andasse sem perigo, mas Tamie não se importava tanto em proteger a filha de tombos, a não ser que ela estivesse para bater numa porta de vidro.

Eu não entendia como ela podia ser tão calma, mas quando eu lhe perguntei, ela riu e disse: "Já passei por isso antes, e se Terry não estiver perto de alguma coisa realmente perigosa, como a ponta de uma mesa ou uma garrafa de amônia, eu sei que ela sobreviverá, porque o irmão dela sobreviveu. Alguns tropeços podem causar um ou dois galos, mas ela acabará ganhando mais firmeza."

Famílias com irmãos têm aparecido pela vizinhança, e depois da primeira contusão, a segunda não parece tão mal, e a terceira mal impressiona. Os pais com vários filhos sabem que a maior parte dos machucados será curada com o tempo, mas pais com um filho não acreditam muito nisso.

Com seu foco total em uma pequena criatura, que pode ter vindo ao mundo com dificuldade, com freqüência os pais de filhos únicos são obcecadamente comprometidos em assegurar que tudo corra bem. Mesmo o menor acidente pode parecer calamitoso até que eles ganhem certa experiência.

Medos reais versus *vida real*

Os pais aprendem rapidamente que os bebês nasceram para ser rebeldes. Em um momento, eles estão aconchegados em seu colo; no outro, eles conseguiram subir no balcão da cozinha e estão usando táticas militares para terem acesso à caixa de biscoitos. Em um minuto, você está andando com sua vizinha segurando a mão de seu filho; no outro, ele já se soltou de você e está correndo para a rua. Todos os seus sentidos estão em alerta, seus instintos animais estão estimulados, e então você começa a se culpar. "Por que não fui mais cuidadosa?", "E se ele tivesse conseguido abrir o armário?", "E se eu não a tivesse pego antes de correr para a rua?"...

À medida que as crianças crescem e desenvolvem-se, pais sensíveis oferecem oportunidades para exploração e as aproveitam de maneiras adequadas à idade. Uma criança de dois anos pode sair com segurança da cozinha, onde você a está vigiando atentamente, e ir brincar sozinha durante um tempo em seu quarto, que também é seguro. Você pode dar uma olhada nela depois de alguns minutos, para garantir que tudo esteja bem. Ao colocar uma pequena distância entre vocês dois, ela estabelece certa independência e aprende a conviver sem ter de interagir com você a cada minuto.

Em *Inteligência emocional*, Daniel Goleman escreve sobre Jerome Kagan, um psicólogo do desenvolvimento altamente respeitado da Universidade de Harvard que esteve observando o comportamento de bebês e crianças com menos de dois anos durante anos. Em um estudo, um grupo de mães esforçava-se para proteger seu filho menor de dois anos de tudo o que o aborrecia, enquanto outro grupo ajudava seu filho medroso a lidar com esses momentos em vez de tentar afastá-lo disso. "A crença protetora parece ter ajudado o medo, provavelmente privando as crianças de oportunidades de aprender a superar seu medo. A filosofia 'aprender a se adaptar' da criação de filhos parece ter ajudado crianças medrosas a se tornarem mais corajosas".[2]

Kagan também constatou que os pais que não se apressam para salvar seus filhos de tudo o que os aborrece têm filhos que aprendem a lidar com frustrações sozinhos. Mas os pais que tentam proteger seu filho a cada virada, na tentativa de amenizar a ansiedade, na verdade intensificam o estresse da criança. "Em outras palavras, a estratégia protetora é um tiro que sai pela culatra, privando crianças tímidas de toda oportunidade de aprenderem a se acalmar diante do que não é familiar e, assim, ganhar certo domínio sobre seus temores."[3]

A lição para os pais de filhos únicos parece clara. Pais que amam protegem sem microgerenciar. O resultado é uma criança que, aos poucos, aprende a se autogerenciar. Os pais de filho único que não conseguem resistir à remoção de todos os obstáculos têm mais probabilidade de criar uma criança medrosa e insegura do que os pais que monitoram gentilmente seu filho.

Os pais de filhos únicos não têm o benefício de poder olhar para trás e ver como lidaram com o primeiro filho para alterarem seu comportamento na educação do seguinte ou, talvez, para agirem da mesma forma, se tiverem tido sucesso. Ao contrário de famílias com vários filhos, eles não podem prever como seu bebê poderá ser ou como ele sobreviverá a circunstâncias que vão além de sua capacidade de dirigir. Logo, eles mantêm o olhar intencionalmente fixo e, freqüentemente, ficam ansiosos demais para "envolver seu filho em uma bolha". Tudo acontece pela primeira e última vez com uma criança, e os pais não suportam que algo dê errado.

Todos os pais estão preocupados com o bem-estar de seu filho, mas os pais superprotetores de filhos únicos podem ser incapazes de separar os perigos potenciais irreais dos reais. Para eles, ver seu filho andar sozinho até a caixa de areia do parque, mesmo enquanto eles estão vendo, pode parecer tão assustador quando vê-lo correr para o oceano.

Nossas mentes estão cheias de dúvidas! Tememos o que não sabemos e sabemos que há muito a temer. Quem pode se esquecer daquela bela Elizabeth Smart que estava confortavelmente em sua cama quando um invasor cortou a tela de seu quarto com uma faca e a abduziu? Como podemos dormir seguros à noite sabendo que uma criança (nossa filha) poderia tão facilmente ser tirada de nós enquanto estamos no quarto ao lado? Se for este o caso, pode existir algum lugar seguro? Há, contudo, uma diferença entre estarmos atentos ao bem-estar de um filho e nos tornarmos uma mãe ou pai sufocante. Todos os filhos merecem a chance de lidar com novas experiências por conta própria, de modo que possam aprender sobre as possibilidades na vida e o que podem ou não ser capazes de atingir.

Aprendendo a "soltar"

Cresci em uma pequena cidade na Costa Leste onde as preocupações eram gerenciáveis. Quando eu tinha oito ou nove anos, podia sair de minha casa numa agradável manhã de verão sem ser vista até o anoitecer. Meus amigos e eu íamos de bicicleta para todo lugar. Pegávamos frutas silvestres que cresciam nos campos desertos, tomávamos Coca-cola com amigos e até almoçávamos entre as lápides quebradas do cemitério assombrado dos Revolucionários da Guerra. Adorávamos ficar um pouco assustados, nunca tivemos de telefonar para casa, e nos sentíamos bastante crescidos durante algumas horas. Aqueles foram tempos idílicos que, é triste dizer, provavelmente pertençam aos livros de história. Eles estão entre minhas memórias mais ternas da infância, porque me faziam sentir importante e poderosa, de uma forma que eu nunca me sentiria em casa. Eu me deliciava com aquelas horas em que estava distante de meus pais, e eles me ensinaram que eu podia começar a cuidar de mim mesma.

Meu marido e seus três irmãos cresceram no alto deserto acima de Los Angeles. Era o condado The Right Stuff, e a maioria das famílias era de militares, cientistas ou engenheiros que trabalhavam no programa espacial. A casa da família assentava-se numa colina com uma vista panorâmica da Base da Força Aérea de Edwards e dos jatos supersônicos que estavam sendo testados lá. De vez em quando, um daqueles pilotos batia. No dia seguinte, as crianças iam para a escola e descobriam que o pai de alguém não voltaria para casa. Mas nunca disseram a meu marido e seus

irmãos que eles não deveriam ser pilotos nem se arriscar. De fato, eles se arriscavam constantemente ao brincar no deserto. Eles espiavam cascavéis, montavam cavalos a pêlo e procuravam aventuras em lugares que a maioria dos adultos consideraria absolutamente sem limites para crianças. No entanto, sobreviveram.

Atualmente, o mundo é menos acolhedor, e não estamos familiarizados com todos os que moram em nossas cidades. Por isso talvez uma vigilância mais intensa seja necessária. Mas saber a diferença entre a supervisão inteligente e a superproteção é crucial para criar uma criança autoconfiante.

Moro numa cidade grande, mas também vivo em uma comunidade dentro da cidade. Sempre conhecemos muitas famílias que vivem à nossa volta, e vivemos na mesma rua durante toda a vida de nossa filha. No entanto, eu nunca me senti à vontade em deixá-la ir até a casa de uma amiga sozinha ou à área de compras próxima até ela estar no colégio. A escola fundamental que ela freqüentou ficava apenas dez quadras de nossa casa, e embora muitos de nossos vizinhos fossem de bicicleta para a escola, estávamos preocupados demais com o tráfego para deixá-la ir só.

Quando me recordo, percebo que eu subestimava a capacidade de minha filha de agir inteligentemente por conta própria. Ela sabia que a segurança e a cautela eram fundamentais e nunca andaria de bicicleta sem capacete. Se ela caísse da bicicleta e raspasse um joelho, provavelmente não haveria necessidade de paramédicos. Eu era o tipo de mãe que não consegue diferenciar entre o caminho até a caixa de areia e o trajeto até o oceano. Pensar em minha filha indo para a escola de bicicleta à luz do dia e pensar nela voltando a pé sozinha, no escuro, parecia ser a mesma coisa para mim. Isso não era realista.

Allan e Judy Miller moram em Battery Park City, no centro de Manhattan. Eles e seu filho único, Nathan, foram testemunhas do terror de 11 de setembro. A escola de Nathan foi evacuada, mas felizmente sua mãe trabalhava perto e conseguiu tirá-lo de lá rapidamente. Allan estava no apartamento deles, vendo a aquela loucura acontecer. Como os celulares não estavam funcionando, ele não conseguiu falar com sua esposa e seu filho durante algumas horas. Eles faziam parte da multidão que correu cidade acima para escapar. Embora traumatizada, a família finalmente se reuniu no fim do dia e passou os meses seguintes morando em um hotel.

Agora, Judy leva Nathan para a escola de carro, em vez de tomar o metrô, como eles faziam antes de 11 de setembro. Ela tem medo que a estação de metrô de Wall Street seja alvo de terroristas. Como esta família já sofreu o suficiente, o medo de Judy não é totalmente infundado. Dois anos mais tarde, eles voltaram para sua casa em Battery Park, e a vida assumiu certo grau de normalidade. Nathan, agora com onze anos, começou a pedir mais liberdade, e seus pais estão tentando atendê-lo.

Durante o dia, ele pode ir a pé da casa de um amigo para casa, porque o caminho entre os edifícios é direto, bem movimentado e afastado de ruas muito agitadas. Um novo campo de futebol logo será construído perto de seu apartamento, e Nathan quer saber se poderá ir a pé até lá, sozinho. Allan e Judy estão pensando. Não tem sido fácil, mas esses pais descobriram uma maneira de lidar com medos realistas sem sujeitar seu filho a medos irrealistas. Ele já enfrentou muita coisa, e eles esperam que o resto de sua infância seja o mais normal possível.

Difícil (conseguir) amor

Alguns pais de filhos únicos não conseguem resistir e superprotegem seus filhos mesmo quando eles são adultos. Para eles, a realidade e a fantasia são indistinguíveis. Katia tem trinta anos, é filha única, e sua mãe tenta salvaguardá-la como se ela tivesse cinco anos. "Quando fui para a faculdade, ela deixava a mim e a minhas colegas de quarto loucas com seus telefonemas e mensagens sem parar", diz Katia. "Ela me perguntava se eu estava tomando minhas vitaminas ou se eu tinha ouvido falar sobre o tarado que estava pegando meninas no outro Estado. Ela queria saber onde eu estava e o que estava fazendo o tempo todo. Ela até me fazia mandar minha programação de aulas a cada semestre. Meus amigos sugeriam, brincando, que eu tivesse uma ordem de restrição para que ela não pudesse enviar mensagens". Depois que Katia terminou a faculdade, sua mãe tentou convencê-la a aceitar um emprego perto de casa em Chicago, em vez de Nova York, para que ela pudesse olhar sua filha única. Katia recusou, mas as mensagens por telefone não pararam.

O amor pode fazer coisas estranhas conosco, e, às vezes, amamos muito porque isso nos faz bem. Katia finalmente disse à sua mãe que se ela não parasse de persegui-la, ela mudaria seu número de telefone.

Construindo a personalidade

Se formos superprotetores, como nosso filho único irá adquirir personalidade? Não podemos comprá-la para ele nem a decidiremos por ele. De fato, a criança que tem tudo feito para ela geralmente é menos capaz de lidar com as dificuldades de crescer. Tem menos calosidades, nenhuma experiência de perder, poucos desapontamentos e reservas rasas de experiência com as quais possa contar. Um bebê que acorda continuamente à noite, embora não esteja com fome, molhado ou doente, aprenderá que pode ficar sozinho durante algumas horas se os seus pais forem firmes e não o pegarem no colo. À medida que um filho único cresce, os pais podem tirar proveito daquele momento em que ficaram sentados na porta da enfermaria e esperaram até que o choro parasse. Embora não houvesse nada que eles quisessem fazer mais do que aninhar seu filho, eles resistiram porque sabiam que isso traria benefício a todos no longo prazo.

Os pais de filhos únicos, às vezes, podem fazer o melhor para evitar que seu filho passe pelas mesmas frustrações que o levam a adquirir habilidades para lidar com elas. Ansiedade gera ansiedade, e, infelizmente, ela pode ser tão contagiosa quanto o resfriado. Se nosso filho a pegar de nós, ele ficará cuidadoso demais para assumir riscos necessários para se tornar uma pessoa segura, otimista.

Amir Josephs é filho único, tem vinte anos, e seus pais israelitas o trouxeram para viver nos Estados Unidos quando ele era bebê. Eles deixaram grande parte da família em Israel. Sentindo-se desconectado, o pai de Amir era superprotetor e tinha enorme dificuldade para permitir que seu filho forjasse sua própria identidade ou cometesse os tipos de erros que seriam experiências de aprendizagem. Amir foi enviado para um colégio particular, e seu pai e sua mãe tinham altas expectativas em relação a ele.

Além de tudo, Amir deveria cumprir aquelas expectativas dentro de um esquema cuidadosamente circunscrito.

Ao contrário de muitos de seus colegas do colégio, Amir nunca teve um emprego de verão ou após o horário das aulas porque seu pai achava que os empregos que ele podia ter não estavam no nível dele.

"Meu pai fazia o papel da mãe judia", explica Amir, "mas minha mãe estava sempre tentando me deixar mais decidido. Havia muitas mensagens confusas. Meu pai não me deixou arranjar emprego até eu estar na faculdade, porque eu seria o próximo presidente dos Estados Unidos. Ele era produtor de filmes e um autodidata. Ele teve de abrir mão de muita coisa para chegar onde está e não queria que eu sofresse. Ou ele fazia as coisas para mim ou acertava para os outros as fazerem".

Amir achava que isso era bom para ele até que passou a sentir como uma coisa ruim. "Eu comecei a me sentir inútil e não podia fazer muito por mim mesmo. Isso se mostrou verdade quando eu tive de fazer transições em minha vida, como sair da faculdade e ir para a escola de Direito."

O pai de Amir insistiu que ele fizesse faculdade na Califórnia, a uma hora e meia de casa. Embora Amir tivesse sido aceito em várias escolas melhores no Leste, seu pai se recusou a pagá-las, dizendo que já tinha pago por um colégio muito caro. Amir sabia que era desculpa para mantê-lo perto de casa. Quando se formou, no entanto, Amir descobriu uma forma de pôr fim a isso. Ele se candidatou e foi aceito em uma escola de Direito na Inglaterra. Com o diploma inglês, ele pôde mudar-se para Israel e exercer sua profissão, o que agradou a seus pais.

"Quando eu fui para a escola na Inglaterra foi ótimo, porque eu estava longe o suficiente para ser independente pela primeira vez. Eu podia ser eu mesmo", diz ele. "Isso realmente me ajudou a descobrir quem eu era. Eu podia errar e tentar coisas que nunca tinha tentado antes."

Amir ficou mais aberto e fez amigos para a vida toda.

"Muitas vezes fiz coisas que podiam ter-me impedido de tirar meu diploma, como não comparecer à aula ou não estudar para uma prova. Mas eu consegui, e isso me levou ao meu primeiro sentimento real de realização."

Desconstruindo a preocupação

Pais superprotetores tentam poupar seu filho da vida e tendem a ser "superpais". Pais realistas aceitam as forças e fraquezas de seu filho e trabalham para maximizar as primeiras e minimizar as últimas.

Certamente, quando você é pai, o amor e a preocupação freqüentemente andam de mãos dadas. Se não amássemos nossos filhos, não nos preocuparíamos com eles. Mas se, como a mãe de Katia, amamos demais, nossas preocupações podem nos esgotar e prejudicar o que mais valorizamos. O psicólogo Carl Pickhardt distingue entre preocupação construtiva e preocupação destrutiva. Ele considera a preocupação construtiva uma parte da educação pró-ativa.

A preocupação construtiva realmente ajuda as crianças a selecionar coisas de modo que elas possam tomar boas decisões. "Reconhecendo que uma parte normal de ser criança é agir sem considerar sempre os riscos, os pais tentam aumentar a visão que a criança tem das possibilidades prejudiciais, dizendo algo como: 'Uma vez que não queremos que você entre cegamente numa nova situação que você nunca experimentou, queremos que você pense em alguns problemas possíveis que poderiam surgir. Então, queremos que você chegue a alguns planos de contingência, caso alguma dessas dificuldades ocorram'."[4] Pickhardt pensa que usando essas técnica os pais podem reduzir sua ansiedade e ao mesmo tempo tornar seu filho mais confiante, capacitando-o a confrontar novas situações com entusiasmo.

A preocupação destrutiva, entretanto, leva à educação compulsiva. Os pais que seguram seus filhos esgotam-nos com a compulsão para organizar e controlar. Há também algo que Pickhardt chama de preocupação em cadeia. Como aquelas correntes de cartas que todos nós odiamos, a corrente de preocupação estende seus tentáculos desagradáveis para incluir toda situação imaginável. Um pai que se preocupa com o desempenho de um filho nas aulas de Espanhol pode estender essa preocupação para incluir todo assunto. "Se você não passar nessa matéria, então pode ser que você não passe nas outras, e talvez você abandone a escola, e talvez acabe morando na rua."[5] Encontrar o equilíbrio é crucial, mas pode ser enganoso.

Evitar preocupação destrutiva, na verdade, é mais importante que evitar que os dentes de nossos filhos apodreçam. Os dentes podem ser fixados sem muito trauma, mas corrigir a psiquê de seu filho exige muito mais. As preocupações deveriam ser relegadas ao presente, ao que pode ser gerenciado realisticamente, e não se estender ao próximo milênio. O filho que está tirando D em Espanhol não precisa ouvir que pode não ir bem em outras matérias. Ele precisa ser estimulado e orientado de modo que possa ter sucesso e se sentir bem com sua realização. Ele pode ser um estudante fraco em línguas, mas um gênio em matemática. Os pais que foram fortes atletas na escola, mas que têm um menino cujo taco raramente acerta a bola não deveriam ficar sem dormir, pensando como fazer seu filho se tornar o próximo Barry Bonds. Eles deveriam se contentar com o jogador que seu filho é ou dar-lhe oportunidades para desenvolver outros talentos.

Incentivando a pesquisa e o desenvolvimento

Para instilar a autoconfiança em nossos filhos, temos de começar quando eles são bem pequenos. Quando seu bebê começa a engatinhar, ele se separa de você em um pequeno espaço que é fisicamente seguro. Deixe seu filho engatinhar até estar pronto para andar, e não o pressione. Ele chegará lá no seu tempo. Forneça oportunidades para "pesquisa". Encoraje a interação com outros bebês embora não pareça que eles estão realmente brincando uns com os outros. Dê a seu filho certo tempo para brincadeira ininterrupta em um ambiente cognitivamente estimulante. A partir do momento em que seu filho tiver idade suficiente para entender limites, seja claro e consistente sobre suas expectativas.

Quando nossos filhos crescem, podemos incentivar a independência passo a passo, de forma que pareça confortável a eles e a nós. Ao adotarmos essas medidas, podemos evitar superproteger nossos filhos e dar-lhes oportunidades para crescer. Mas, primeiro, precisamos dar conta de nossas próprias preocupações e entender quais são e por que existem. Embora queiramos que nossos filhos sejam cientes, não queremos infectá-los com nossos medos. Você pode desejar fazer uma auto-análise e se fazer algumas perguntas, como as que seguem.

- Você foi negligenciado quando criança? Se foi, você confunde necessidade com amor?
- Você foi maltratado de alguma forma quando criança? Se foi, isso lhe fez gastar um tempo excessivo para ter certeza de que seu filho estaria seguro?
- Alguma coisa perigosa aconteceu com você ou com seu filho que o levou a ser superprotetor?
- Se você é filho único, seus pais o superprotegeram? Em caso afirmativo, você está criando seu filho da mesma maneira sem perceber isso?

Uma vez que você entende melhor as forças que o influenciam, você tem uma chance melhor de ser protetor em vez de ser excessivamente protetor.

Dê a seu filho mais liberdade e responsabilidades à medida que ele puder lidar com elas. Se você não se sentia seguro quando criança há chances de você poder se exceder tentando dar uma vida superprotegida para o seu filho. Mas quando você é protetor demais, está dizendo a seu filho que não acredita na capacidade dele. Por outro lado, se o seu filho sabe que você confia nele, ele confiará em si mesmo. Contudo, não dê a ele poder demais cedo demais. Aumente as opções à medida que ele puder lidar com elas.

Alguns pais de filhos únicos sabem, instintivamente, como abrandar a supervisão e, ao mesmo tempo, continuam protegendo-os, mas de uma maneira sensata. Will e Wendi Knox são os pais de Landon, de oito anos. Durante um verão, em um *camping*, Landon, então com cinco anos, enfrentou escalar parede de 25 metros de altura. Wendi estava conversando com alguns outros pais, e Will estava olhando Landon. "Olhei para cima e tive de morder os lábios quando o vi. Eu sabia que ele era uma pessoa fisicamente muito mais aventureira que eu, e eu podia ver aquele espírito enquanto ele estava subindo. Lá estava meu pequeno, meu filho único, indo até o topo, mas eu fiquei calado. Eu fiquei realmente orgulhoso de mim."

Livrando-se das amarras

Alguns garotos são superprotegidos por necessidade, o que torna a transição para a fase adulta mais difícil. Max Brooks, filho de Mel Brooks e Anne Bancroft, levou uma infância bastante protegida, mas insistiu em se testar quando ficou mais velho. Max cresceu na década de 1970, quando houve uma onda de seqüestros.

"Eu não podia fazer passeios pelo campo com minha classe nem jogar bola no parque com meu pai", ele se lembra. E sair para jantar não era uma coisa informal. "Quando saíamos para jantar, uma em cada três vezes alguém se aproximava de minha mãe ou pai e pedia um autógrafo", ele acrescenta.

Quando Max estava na faculdade, ele estava mais do que preparado para viver sozinho, mas seus pais queriam protegê-lo. "Minha mãe veio para Hollywood com dezenove anos, e muita gente tentou se aproveitar dela, então ela teve de aprender um tipo de briga de rua", diz ele. "Dado o que eles tiveram de enfrentar, eles não podiam entender por que eu insistia em experimentar a adversidade". Max queria fazer coisas por si mesmo. "Deixe-me falhar", ele dizia a seus dedicados pais. Este foi o maior conflito naquela família extremamente unida.

Quando Max iniciou sua carreira de escritor, ele não queria ganhar nada. Seus pais ofereceram-lhe sua casa de praia em Malibu para que ele não tivesse de pagar aluguel, mas ele se mudou para um apartamento barato. Ele recusou a oferta deles de ajudá-lo a conseguir um emprego como redator em *Saturday Night Live* porque não se sentia preparado e estava trabalhando em um cronograma diferente. Três anos mais tarde, Max estava mais confiante de seu talento como roteirista e se apresentou para trabalhar no programa. O produtor gostou do que leu e o contratou. Depois de alguns anos escrevendo para o programa, Max ganhou um Emmy por seu trabalho.

Max planeja ser pai um dia, mas não pretende proteger seus filhos o tempo todo. "Talvez eu precise ser sedado", diz ele, "mas eu adoraria que meu filho cometesse seus próprios erros. Acho que errar sem ter muita gente para 'varrer a sujeira' é importante". Max acredita que a maioria das crianças acha os desafios normais. "Elas podem não saber que algo é um desafio. Quando você é criança, vê o desafio, encara-o e enfrenta-o. Isso lhe dá a confiança para enfrentar desafios maiores".

Construindo a confiança

Você começa instilando a confiança em seu filho desde quando ele é pequeno. Pode começar com as atividades mais comuns. Fazer compras num supermercado ou numa loja de departamento é uma maneira fácil de começar a ensinar a uma criança algumas habilidades da vida real e a inspirar confiança.

Faça uma lista dos ingredientes para uma receita fácil que vocês queiram preparar juntos. Então, quando vocês estiverem na loja, faça seu filho escolher as cebolas e a abobrinha, por exemplo. Deixe-o pesar os vegetais e ajude-o a calcular quanto custam 250 gramas de cebola. Esta é uma aula prática de matemática. Quando você passar pelo caixa, ele pode pegar o cartão do banco e você pode explicar como funciona. Nunca é cedo demais para aprender a lidar com o dinheiro, e as crianças ficam fascinadas com o processo do cartão de débito. Na maioria das lojas, você pode ver os itens alinhados numa tela. As crianças que sabem ler parecem ficar encantadas em digitar cada item e ver quanto custa.

Meu marido é fotógrafo comercial e sempre teve escritório em casa. Nossa filha cresceu entendendo o que era trabalho e a quantidade de energia que requer para se conseguir realizar as coisas. Deixamos que ela vivesse alguns dos conflitos inerentes quando se dirige qualquer negócio, e ela freqüentemente conhecia alguns de nossos clientes mais interessantes. De vez em quando, ela acompanhava meu marido em sessões de foto e até ajudava os assistentes, quando já estava mais velha. Isso a tornou imensamente orgulhosa e deu-lhe uma forte noção de realização, além de tê-la colocado em contato com sua própria criatividade. Nossa filha viu em primeira mão que as coisas nem sempre funcionam da forma que ela pensava, e essa adaptação não só é possível, mas também valiosa.

Não importa qual seja sua profissão (ou a de seu companheiro), você deve incluir seu filho em alguma coisa do que você faz para viver e como você faz isso. Ao incluí-lo, você o ajuda a aprender mais sobre você, sobre ele mesmo e sobre seu lugar no mundo. Se você não o expuser ao que o seu trabalho envolve, você o privará do acesso a um dos elementos mais básicos da vida.

Pais como o de Amir, que se fizeram por si próprios e começaram do nada, podem mostrar-se irredutíveis quanto ao fato de seu filho nunca ter de passar por quaisquer dificuldades que eles suportaram. Eles não querem que seu filho se exponha a coisas desagradáveis, mas enquanto o protegem, eles negam a seu filho as habilidades de vida que foram tão benéficas a eles.

Primeiros passos

Queremos que os dias de nossa filha sejam ensolarados, mas devemos também colocá-la em contato com certa realidade. A criança superprotegida pode ter de ceder quando as coisas ficam difíceis. Se o seu filho não consegue jogar futebol tão bem quanto alguns de seus colegas de equipe ou não se lembra de falas numa peça, ele pode pensar: "Não sou bom para isso. Por que me chatear?" Ele pode culpar os outros por seus problemas ou esperar um tratamento especial de seus professores e treinadores. O pai que não consegue se distanciar, que é responsável demais por proteger um filho, na realidade pode criar uma criança irresponsável que não consegue resolver seus próprios problemas.

Tente olhar seu filho objetivamente e avalie o nível de responsabilidade dele e o que ele pode fazer sem você, ou sem ficar ansioso. Quando Tanner tinha doze anos, ela queria demais ficar em casa sozinha sem babá. Alguns amigos com irmãos mais velhos faziam isso desde que tinham dez anos, e ela começou a se sentir um bebê. Tanner era uma boa aluna, tinha formado um grupo de amigos de quem seus pais gostavam e até fazia seus deveres sem reclamar muito. Mas os pais de Tanner ficavam relutantes em deixá-la só porque eles viviam em uma área urbana e nunca sabiam quem poderia aparecer em frente a sua porta. Embora eles sempre encorajassem a independência de Tanner, ela era sua única filha, e eles se preocupavam mais que os pais que tinham vários filhos. Eles também não estavam certos de que Tanner fosse madura o suficiente para lidar com uma emergência, caso acontecesse. Sabendo, no fundo, que provavelmente era hora de deixar sua filha assumir essa nova responsabilidade, eles conversaram com ela e montaram um plano passo-a-passo que iria prepará-la para ficar sozinha.

No início, Tanner ficava só por uma hora, durante o dia, depois que seu pai ou a perua escolar a deixava da escola e sua mãe ainda estava no trabalho. A babá saía um pouco antes. Tanner tinha de obedecer às regras para ficar só que eles estabeleceram juntos, para a segurança dela e a tranqüilidade deles. Durante a hora em que Tanner estava só, ela não devia atender a porta, mesmo que fosse uma entrega da UPS. Esperava-se que ela seguisse as regras e os horários dos dias de semana. Quando estava em casa, ela poderia comer um lanche e começar sua lição de casa. Ela não podia mandar mensagens instantâneas para seus amigos, fazer aquela maratona de conversas pelo telefone nem assistir à televisão. A verdade é que se os pais dela não estivessem lá, eles não podiam controlar o comportamento de Tanner, mas tinham de estabelecer a confiança nela e esperar que ela fizesse as coisas corretamente. Ela geralmente tomava boas decisões no passado, por isso havia razões para pensar que ela continuaria a fazer isso.

Havia, entretanto, questões ainda mais importantes a serem acertadas. Tanner tinha de saber o que fazer se houvesse um incêndio ou se ela se machucasse usando uma faca para cortar fruta para seu lanche. Ela devia atender se o telefone tocasse? E se o cachorro ficasse doente? Eles discutiram plenamente todas essas coisas. Os pais de Tanner imprimiram informações importantes, inclusive números de emergência e pessoas com quem ela deveria entrar em contato caso não pudesse localizá-los. Eles revisaram os procedimentos para chamar 911 e enfatizaram que ela deveria ter de dar seu nome inteiro e o endereço para a telefonista. A lista completa foi afixada na geladeira. Os pais de Tanner também avisaram seus vizinhos mais próximos, de modo que Tanner poderia se sentir à vontade para pedir ajuda a eles se precisasse.

Tanner provou ser consciente e responsável. Ela começava sua lição de casa e até ligava para a mãe no escritório para tirar dúvidas. Depois de alguns meses, todos se sentiram seguros o suficiente para estender o tempo em que Tanner ficaria em casa sozinha para duas horas. Um ano depois, Tanner conseguiu ficar só à noite quando seus pais saíam. Ela adorava sua liberdade e, na maior parte das vezes, não abusava disso.

Quando minha filha tinha onze anos, ela e suas amigas começaram a fazer campanha para ir passear no shopping — sem adultos. Tínhamos ido ao shopping para ver filmes e fazer compras um número suficiente de vezes, e eu me senti preparada para deixá-la ir sozinha. Ela estava entrando na escola secundária, e parecia adequado soltá-la um pouco. Afinal, muitas de suas amigas já costumavam passear no shopping sozinhas havia um ano, e eu estava sendo conservadora para lhe conceder mais liberdade.

Eu me preocupava que ela pudesse entrar em contato com crianças que poderiam ser má influência. Se eu não a deixasse ir em frente, seus amigos pensariam que ela era uma bobona, mas eu também não queria que ela fosse pressionada pelas outras crianças. No início, eu não tinha certeza de que ela seria capaz de tomar boas decisões, mas eu sabia que era hora de me acalmar e ver se ela poderia se firmar.

Sentindo-me insegura, eu checava com outros pais para ver quais eram as regras deles. Isso foi antes de as crianças ficarem tão ligadas a celulares e *pagers*. Junto com outros pais, meu marido e eu montamos uma política de verificação. Deixávamos as crianças no shopping e nossa filha concordava que acharia um telefone público e nos ligaria depois de uma hora e meia. Também especificávamos a hora em que iríamos buscá-la. Explicamos que se ela e suas amigas não estivessem esperando por nós, da próxima vez que elas pedissem para sair sozinhas não deixaríamos. Minha filha geralmente estava lá na hora certa, o que me tranqüilizava e tornava possível dar passos maiores na bizarra dimensão da adolescência.

Os perigos da puberdade

Agora, meu marido e eu confrontamos questões mais assustadoras, que possivelmente até ameaçam a vida, como andar de carro com garotos de dezesseis anos cujas licenças ainda nem foram plastificadas, ir a concertos de rock e experimentar drogas e álcool. Imaginamos que os estresses inevitáveis de viver com um adolescente nos tornariam mais fortes ou nos matariam. Gostamos de pensar que somos sobreviventes, por isso decidimos que a última não seria nem uma opção.

Se quiséssemos manter um bom relacionamento com nossa filha, teríamos não só de criar limites, mas também de lhe dar mais liberdade. Logo, nessa nova fase da vida dela, nossa ansiedade quanto ao shopping expandiu-se para incluir fenômenos culturais como rap, hip-hop e dançar em pistas de concertos de rock. (Esta é uma definição inexistente em dicionários: uma pista de dança lotada onde quem vai aos concertos se espreme para ver quem sobrevive por mais tempo a isso. Isso é feito freqüentemente para exibir admiração pelas bandas que estão tocando. No processo, entretanto, sabe-se de pessoas que sofrem fraturas, deslocam os ombros e até são sufocadas.) E também tínhamos de nos preocupar com práticas que são seguidas há gerações, como fumar maconha e ficar de porre. Estamos falando dos piores pesadelos de todos os pais, aqueles que os fazem desejar que seus filhos ficassem na pré-escola até terem, pelo menos, quarenta anos.

Quando soubemos da existência de *mosh pits* e *raves* (festas que duram a noite inteira, com música tecno repetitiva tocando continuamente), ficamos aterrorizados. Como poderíamos deixar nossa filha sair? Pensamos em cobri-la de roupa dos pés à cabeça e contratar uma dama de companhia. Mas antes de nos desesperarmos, decidimos expressar nossos sentimentos e dissemos a ela do nosso pavor de que alguma coisa pudesse lhe acontecer.

Tivemos de seguir um caminho certo porque se a proibíssemos de ir a todos os concertos, isso se tornaria mais atraente, e ela poderia decidir ir escondido. Àquela altura, os jovens já estavam dirigindo e poderiam ir para qualquer lugar enquanto pensávamos que estavam na biblioteca estudando para aquela prova importante sobre temas da literatura americana do século XIX.

Tínhamos regras bem-definidas para dirigir. Nossa filha foi advertida a nunca entrar em um carro com um amigo que estivesse bebendo ou usando drogas de qualquer tipo. Quando ela saía, dávamos-lhe dinheiro para o táxi, e ela sabia que também podia nos ligar a qualquer hora para irmos buscá-la — não perguntaríamos nada, não gritaríamos, não a acusaríamos de nada.

Então havia as festas. Queríamos que ela se divertisse, dentro de limites. A fim de manter o controle das coisas, mantínhamos contato com os outros pais da escola e formamos um tipo de grupo de pais. Quando tinha festa e nossa filha insistia que os pais estariam em casa, ligávamos para eles antes para confirmar. Confiávamos em nossa filha, mas ela ainda era adolescente e queria parecer bacana na frente de suas amigas. Descobrimos uma forma de vigiar nossa filha, um ser social emergente, enquanto lhe dávamos uma certa folga para respirar.

Festas de adolescentes sem motivo especial nenhum são assustadoras porque freqüentemente são dadas fora, sem nenhuma supervisão. Isso fornece uma oportunidade perfeita para as crianças levarem álcool e drogas. Se sua filha diz que vai a uma festa na casa de um amigo, não deixe de pedir-lhe para avisar se os planos dela mudarem. Então, ligue para alguém para confirmar. O lema de nossa filha era: "Se você vai mentir para seus pais, não deixe de estar onde deveria estar". Bem, acho que isso é melhor que não tomar atitude nenhuma.

Nosso objetivo era tentar proteger sem superproteger, e imaginamos que a melhor forma de fazer isso era sendo francos com nossa filha quanto a nossas preocupações. Expressamos nossos medos, e ela nos assegurou que entendia os perigos, mas não iria correr nenhum risco incomum. Podíamos viver com isso (precariamente). De alguma forma, funcionou. Ela foi a alguns concertos, sentiu que tinha certa independência e foi legal. Até hoje, não sei tudo o que aconteceu, nem quero saber. Mas minha filha passou pelo colégio e pela faculdade física e psiquicamente intacta. Este é o objetivo.

Dormindo fora e passando a noite acordado

Quando o assunto de dormir fora de casa surgiu, perdi a cabeça. Onde já se viu uma coisa dessas, principalmente no colégio? Aparentemente todo pai nos Estados Unidos, na Europa e na Ásia, exceto nós, permitia que seus filhos fossem. Lembro-me bem daquela cena. Minha filha de dezesseis anos chorou, adulou e usou todos os argumentos que existiam para nos fazer ceder. Os pais estariam lá; todos iam dormir (é claro). Que mal havia naquilo? Os meninos iam dormir em uma parte da grande casa e as meninas na outra. Os pais iam acompanhar e vigiar. "Os pais também não iam querer dormir em algum momento?", perguntamos. "Ah, não", minha filha disse, "eles ficam acordados a noite toda". "Mas e se eles ficarem cansados demais e adormecerem?", perguntei. "Ah, não vão", ela me assegurou. A conversa terminou aí. Eu tinha de salvar minha filha de si mesma. A resposta foi um não irrevogável. A proteção total era a ordem do dia naquele momento.

Tínhamos regras estritas sobre o horário de voltar para casa à noite, que eram motivadas parcialmente por nosso desejo egoísta de evitar noites sem dormir e úlceras. De acordo com nossa filha encantadora e bem-informada, nenhum outro aluno do colégio tinha hora para voltar para casa nos fins de semana. "Bem, isto é péssimo", respondi. "Você terá." Perguntamos que horário ela achava razoável para voltar, e ela respondeu: "Ah, talvez duas da manhã." Rimos. Ela disse que éramos impossíveis e saiu soltando fumaça pelas orelhas.

Depois que todos se acalmaram, conseguimos chegar a um horário para ela voltar: meia-noite e meia no primeiro ano e uma hora nos dois últimos anos, a não ser que fosse um baile de formatura. Mas, se ela se atrasasse mais de cinco minutos e não ligasse para nós, ficaria em casa no fim se semana seguinte e no outro também. Enquanto escrevo, acho que provavelmente isso pareça simplista demais, mas funcionou.

Nossa filha sabia que havia limites e regras que seriam seguidos, mas se ela participasse da elaboração das regras seria mais fácil. As regras faziam-na sentir-se segura e davam-lhe algo sobre o que reclamar com seus amigos, e, se ela entrasse numa situação social difícil, sempre poderia usar seu horário de voltar para casa ou nossas regras como defesa. Ela também entendia como era importante para nós termos certeza do seu bem-estar. Como muitas outras filhas únicas, ela não queria afetar seu relacionamento conosco. Seria ruim demais para ela esgarçar o tecido de nossa pequena família tão unida.

Se você tentar controlar cada detalhe da vida de seu adolescente, estará fadado a enlouquecer, e sua pressão vai estourar. Seu filho também ficará privado de sua oportunidade de encontrar a identidade dele como jovem adulto. Conversar e fazer acordos são ingredientes essenciais para manter seu adolescente o mais seguro possível. A seguir, estão algumas maneiras de você poder ajudar a estimular a independência, instilar o orgulho e acompanhar um pouco do que realmente está acontecendo na vida de seu adolescente.

Diretrizes gerais para proteger seu adolescente

Nunca tenha medo de constranger seu filho na frente dos colegas, porque não importa o que você faça, inclusive estar na Terra, você sempre é um constrangimento. A maioria dos adolescentes preferia ter nascido de um ovo. Isto é normal e só dura até eles terem aproximadamente dezenove anos. Logo, aguarde até lá e considere algumas diretrizes gerais:

- A vida social é um privilégio, e não um direito garantido. A diversão tem de ser conquistada, ao contrário de quando você era pequeno, e esta fazia parte da vida como *Vila Sésamo*. Se você concorda com regras para manter seu adolescente seguro, elas devem ser seguidas ou a diversão vai acabar.
- Conversar com os outros pais é essencial para proteger seu adolescente. Quando seu filho lhe diz que os pais de Sam o deixarão dirigir até o Alasca, você pode acabar com a prosa dele. Afinal, você jantou com os pais de Sam na noite anterior e sabe que ele não tem permissão para tirar o carro da garagem (muito menos dirigir até o Alasca), porque na semana passada ele bateu num poste de telefone.
- Quando seu filho adolescente decidiu que você é o Banco da América, coloque gentilmente as mãos dele no bolso *dele* e diga-lhe para ir procurar um emprego. Trabalhar promove a autoconfiança e ensina os adolescentes a conviver com diferentes tipos de pessoas. Além disso, é menos provável que os adolescentes ocupados entrem em problemas do quais não conseguem sair.
- Para sair com os amigos nos fins de semana, os adolescentes precisam completar suas tarefas. Isso lhes dá uma noção de objetivo e os faz se sentirem necessários. Isso pode lhes deixar temporariamente irritados, mas os adolescentes que sabem que é importante ajudar têm menos probabilidade de trair sua confiança.

Como os pais podem evitar superproteger seu filho único

Aqui estão algumas dicas para ajudá-lo a evitar superproteger seu filho único:

- Faça uma lista de seus medos. Olhe-os com a máxima objetividade possível. Então, elimine aqueles que não fazem sentido.
- Conheça a verdadeira capacidade de seu filho em diferentes estágios do desenvolvimento. Dê-lhe oportunidades para ter aventuras e oportunidades para fracassar.
- Discuta confiança com seu filho. Tenha fé que o sistema de valores de sua família irá orientar as decisões de seu filho quando ele crescer.
- Deixe seu filho resolver alguns problemas sozinho. Não fique sempre lá para juntar os cacos.
- Fique ciente daqueles momentos em que é importante ceder. Então, tente facilitar sem permitir que seu filho sinta medo. Deixe-o descobrir como ele poderá agir sozinho.

Faça o seu Teste

Você é um pai superprotetor?

- Você sugere soluções ou oferece ajuda antes de seu filho pedir ou precisar?
- Você geralmente faz o máximo para tornar a vida de seu filho mais fácil mesmo quando a sua fica mais difícil?
- Você está completamente envolvido na vida diária de seu filho e preocupado com ele na maior parte do tempo?

- Você acha impossível ficar distante enquanto seu filho resolve um problema sozinho?
- Você não mede esforços para impedir que seu filho se sinta frustrado?
- Você acha difícil acreditar que seu filho é forte o suficiente para cometer erros e se recuperar deles?
- Se você seguisse seu modo de agir, preferiria eliminar todo o risco da vida de seu filho, em vez de ajudá-lo a aprender a lidar com o risco?

Se você respondeu sim a qualquer dessas perguntas, deveria repensar o que significa cuidar de seu filho único. Afaste-se e dê uma boa olhada em quem é seu filho e quais são realmente suas capacidades. Não o desmereça antes de ele iniciar sua missão de descoberta.

O próximo capítulo oferecerá mais pistas sobre como fornecer o tipo de disciplina que ajudará você e seu filho a construir em estruturas de proteção sem isolá-lo entre quatro paredes.

Capítulo Três

Fracasso na Disciplina

Sou um pai angustiado de um filho único. Cometi todos os erros que se pode cometer: superproteção, interferência, evitar disciplina. Agora, choro por meu filho de onze anos porque ele é solitário demais. Ele é imaturo para sua idade e quando está com outros garotos de sua faixa etária (ou de qualquer outra) é tão indisciplinado e sem controle que irrita os outros. O que eu faço?

Se você fizesse o teste no final do último capítulo, agora poderia pensar o quanto pode estar superprotegendo seu filho único. Você pode até estar selecionando as medidas disciplinares e as regras que estabeleceu, não só para garantir a segurança de seu filho, mas para ajudá-lo a ser civilizado.

Talvez você pense que é rígido demais ou liberal demais. Talvez você estabeleça regras, mas não as siga. Se você está criando seu filho com um companheiro, seus estilos de educação podem ser bem diferentes. Você pode ter problemas em concordar com o que fazer com seu filho quando ele evita suas regras. Pode ser difícil chegar a um acordo, se um de vocês tende a desconsiderar as infrações e não suporta ser o cara mau, e o outro é sempre aquele que obriga ao seguimento de regras.

Eu só posso dizer para você não ser tão duro consigo mesmo. Disciplinar uma criança de qualquer idade é uma tarefa de Sísifo. Em um momento, achamos que conseguimos empurrar uma rocha até o topo da montanha, e no outro, estamos caindo para trás e implorando ajuda. Em um segundo, pensamos ter a resposta, e no outro, não podemos imaginar como somos incrivelmente pouco inteligentes, porque uma criança de três anos foi mais esperta que nós ou nos intimidou.

Infelizmente, os pais de filhos únicos podem ser os piores fracassos em fixar as regras e implementá-las. Há campos minados por toda parte. Todas as crianças são engraçadinhas, inteligentes e fortes, mas os filhos únicos são os que mais atraem a atenção de todos — principalmente de seus pais. Quando há uma criança, todas as apostas podem ser inadequadas, porque estamos tão ligados que nossos corações quase batem como um só.

Os filhos únicos podem ser tão adorados que os pais não suportam pensar que seu filho poderia não gostar deles mesmo por um minuto. Disciplinar ou restringir um filho único pode parecer como negar a nós mesmos. E se fizermos algo que o deixar ressentido conosco? E se ele pensar que somos cruéis ou não o amamos? O sofrimento dele é nosso, e o sentimos intensamente, e é por isso que é tão importante captar o que uma boa disciplina significará no longo prazo.

A importância de limites

Em vez de impor disciplina, tomar o caminho mais fácil pode parecer a melhor opção. Por que incomodar Alice para que ela guarde os brinquedos quando você não se incomoda em fazer isso? Quantas vezes você pediu a seu filho para tirar a mesa e então o encontrou esparramado como um lagarto, vendo *Os Simpsons* (o que é proibido)? Você grita com ele, desliga a TV, levanta as mãos e acaba tirando a mesa você mesma. Isso não é grande coisa. Só levou cinco minutos, em oposição a dez minutos se você tivesse de convencê-lo e persistido. A psicóloga Susan Newman sugere tratar um filho do mesmo modo que você trataria quatro.[1] Se você tivesse vários filhos e uma mesa de jantar que acabasse virando uma batalha da III Guerra Mundial, há chances de que você não deixaria as coisas escorregarem.

Toda vez que adiamos estabelecer regras ou definir nossos desejos, nosso filho sofrerá, porque se sentirá menos seguro. Toda vez que os limites são estendidos ou se permite que as regras enfraqueçam, os pais comprometem parte de sua habilidade de proteger seu filho e fornecer-lhe um esquema para no qual ele possa crescer e tornar-se um adulto seguro. De fato, se a disciplina não é iniciada ou mantida, seu filho único tem mais chance de desenvolver alguns problemas sérios.

O impacto de mimar no longo prazo

Dan Kindlon, o autor de *Too much of a good thing*, estudou 654 adolescentes de classes média e média-alta. As meninas que se achavam "muito mimadas" tinham uma probabilidade três vezes maior de dirigirem depois de beber. Outras, que achavam que seus pais não eram tão rígidos, tendiam a desenvolver distúrbios de alimentação, experimentavam drogas, iam mal na escola e se engajavam em comportamento sexual arriscado.[2]

Isso faz sentido. Se há poucos limites em casa, as crianças se sentem inseguras e podem impor sua própria forma de controle, o que pode ser a causa de problemas como distúrbios de alimentação. Se os pais não são capazes ou não estão dispostos a perder tempo para impor limites, a noção que seu filho tem do *self* será comprometida. Logo, seu filho único pode acreditar que se engajar em atividades inseguras ou ignorar a lição de casa não seja grande coisa. Quem notará e quem ligará para isso?

Quando não há restrições, não há liberdade real para um filho ou para os pais. Pense em sua casa como um país que não pode funcionar sem lei. A anarquia promove confusão e ansiedade, e não liberdade e criatividade.

Às vezes, os filhos únicos podem agir como se quisessem dirigir o país porque são muito ligados aos adultos e desejam imitá-los, mas isso é, em grande parte, uma bravata. Secretamente, eles querem que as regras sejam impostas e sejam seguidas, para saberem qual é sua posição. Os filhos únicos podem encontrar muitos amigos, mas não é tão fácil encontrar pais.

Filhos únicos tendem a se expressar abertamente porque passam muito tempo com adultos e podem parecer mais amadurecidos do que são realmente. Lembre-se, quando ele tenta manipulá-lo para conseguir o que quer, esta é uma imitação incrível da fala e do comportamento adulto. Mas, mesmo se ele se parece com você, não é você. Não o deixe assustá-lo nem fazer você se render. Ele é uma criança que vive sob seu teto e é alimentado, tem o seu apoio e é "choferado" por toda a cidade — por você. As oportunidades e escolhas que ele aproveita são aquelas que você elegeu dar a ele. Não é seu filho único quem manda, mas você. Não tenha medo de usar sua posição com sabedoria.

Rigidez gera revolta

Os pais cujas regras e disciplina não são razoáveis podem se ver com um filho rebelde. Shirley Jones, atriz e filha única, tinha uma mãe que esperava que ela fizesse exatamente o que lhe dizia, quando lhe dizia algo. Em uma entrevista, em 1998, a *Only child*, Shirley explicou que ela e sua mãe entraram em conflito até ela ter nove ou dez anos. Sua mãe tinha idéias específicas sobre como tudo deveria ser, e Shirley a contrariava. Se a mãe dissesse "a grama é verde", Shirley diria que era marrom. Elas nunca brigavam fisicamente, mas não havia espaço para negociação. Embora Shirley não gostasse dos limites que sua mãe impunha, hoje ela acha que provavelmente foi bom ter tido que andar na linha.

Aqueles pais que não conseguem ceder são freqüentemente superprotetores, com as melhores intenções e esperam garantir uma vida melhor para seu filho que aquela que tiveram. Eles acreditam honestamente que se prenderem seu filho e erguerem muros bem altos, eles estarão seguros de todos os perigos. Isso pode funcionar por um tempo, até que hormônios rompantes assumam seu corpo e cérebro, transformando-o num adolescente infernal — aquele que não consegue esperar para escapar do exército a qualquer custo.

Vocês são os pais; ele é o filho

Você não pode moldar o comportamento de seu filho sem ser autoritário. Muitos de nossos pais antiquados agiam como ditadores, então as gerações subseqüentes têm dado uma guinada no sentido contrário e adotado um estilo de ser pai que enfatiza a compaixão, a compreensão e a amizade. Esse novo estilo é uma mudança bem-vinda da filosofia de que "as crianças devem ser vistas, e não ouvidas". Ao conhecer nossos filhos como pessoas, construímos relações que podem fazê-los sentir-se seguros em pedir nosso conselho e comunicarem-se conosco. Este é o aspecto positivo. O negativo é que proclamamos com orgulho que somos "centrados na criança", mas temos dificuldade em definir nossos desejos. Deixamos as crianças nos guiarem enquanto *nós* as seguimos, esperando que elas nos levem à direção certa.

Quando adultos e crianças se esquecem de seu papel adequado, todos se sentem perdidos. Eu não posso contar o número de vezes que me forço a repetir as seguintes palavras enquanto educo minha filha única: "Eu sou a mãe, e ela é a filha". Nos momentos mais desafiadores na criação de um filho, esse lembrete me deu, freqüentemente, a força de que eu precisava para manter meus argumentos sobre maquiagem, roupas e confrontações subseqüentes sobre meninos e festas.

Seu filho único pode irritar-se quando você impõe regras, mas ele continuará a amá-lo se achar que você é justo no geral. À medida que ele amadurece e quer mais privilégios, provavelmente não gostará de você parte do tempo, mas não será tão inacessível. A não ser que sua disciplina não seja razoável ou seja excessiva, esse desdém passará rapidamente. Ou você pode aceitar o fato de que criar um filho envolve conflito, não importa o que você faça. Haverá dias em que você achará que não é capaz de fazer nada certo e dias em que achará que focou no ponto certo.

Praticamente no dia em que fez treze anos, minha própria filha virou pra mim e gritou "Eu te odeio!" depois que eu me recusei a permitir que ela fosse dormir fora porque ela não tinha completado uma das tarefas na hora certa. Eu senti como se uma faca tivesse sido enfiada em meu coração. Ela me fez sangrar, mas em vez de eu deixar que ela percebesse o quanto eu estava desgastada, respondi: "Você sabe, este é o momento de sua vida em que você deve me odiar. E agora mesmo, eu ainda a amo, mas não estou gostando muito de você". Minha reação a desmontou completamente, e ela saiu de mansinho para ir dobrar as roupas na área de serviço.

Pais "solteiros"

Os pais "solteiros" de filhos únicos, muitas vezes, precisam lutar bravamente para equilibrar amor e disciplina. Eles estão fazendo o serviço mais duro que existe sozinhos e, freqüentemente, com muito pouco apoio. Em geral, eles estão fortemente ligados a seu filho, e manter o limite entre ser pai e ser amigo pode ser exaustivo tanto para o pai quanto para o filho.

Ali Mandelbaum é um desses casos. Ela é filha única, tem trinta e dois anos, é cantora, compositora e atriz, e agora está estudando para ser *cantor* (uma oficial na sinagoga que canta e conduz a congregação na oração). A mãe de Ali a criou sozinha e lutou com grande dificuldade para disciplinar sua filha única, cabeça-dura e dramática. Durante o ensino fundamental, Ali era uma criança boa, que fazia o que lhe diziam, na maior parte das vezes. "Se eu não limpava meu quarto ou não lavava os pratos, minha mãe me tirava um privilégio, como assistir à TV. Ou se eu fosse realmente teimosa e tivesse combinado de ir brincar com uma amiga, então a brincadeira era cancelada. Mas, quando eu entrei na adolescência, às vezes, eu simplesmente me recusava a fazer as coisas. Eu era punida, mas isso realmente não me impedia de fazer nada. Eu pensava: 'Legal, vou agüentar as conseqüências'."

Em outras ocasiões, Ali não desistia tão facilmente. Se a sua punição fosse não assistir a um programa de TV que considerasse importante, ela pedia com humildade, implorava e chorava até que a mãe cedia. "Minha mãe não agüentava me ver triste daquele jeito", diz Ali. "Eu era sua única filha, e ela não tinha mais ninguém para apoiá-la. Então, geralmente, eu fazia o que eu queria".

A mãe de Ali estava mais preocupada em ter a filha como amiga que em criar estruturas em que Ali tivesse segurança. Um mês depois de se formar no colégio, Ali foi para Nova York para estudar na American Musical and Dramatic Academy, e foi quando a relutância de sua mãe em desapontar sua filha teve as conseqüências mais negativas. "Fui para o conservatório", lembra Ali, "e aconteceram coisas que não foram tão legais. Eu aprendi muito, mas provavelmente não foi a melhor escolha. Eu deveria ter ido para uma universidade comum. Minha mãe também queria que eu fosse, mas eu quis ir para aquela escola, e as coisas iam ser assim. Eu queria que ela tivesse dito não".

Se a mãe de Ali tivesse mantido sua posição quanto à faculdade, ela poderia ter poupado muito sofrimento à filha. Pais "solteiros" de filhos únicos deveriam fazer uma avaliação periódica consigo mesmos e avaliar seu relacionamento com seu filho único. Eles deveriam pensar se têm sido mais focados em ser amigos ou em ser pais. Quando surgem situações que exigem uma orientação firme, eles deveriam ter certeza de que não abandonaram a disciplina para evitar confrontos e manter uma vida aparentemente agradável.

O impacto do divórcio

Pouca ou nenhuma disciplina gera problemas, mas a disciplina inconsistente também pode ser prejudicial. Pais divorciados que dividem a custódia de um filho único têm a obrigação de conversar sobre a disciplina e fazer planos que darão suporte para o crescimento de seu filho da maneira mais carinhosa e efetiva possível. Os pais de Erica Warren não fizeram isso, e como resultado, ela sofreu.

Erica agora tem vinte e cinco anos. Seus pais divorciaram-se quando ela ainda era bebê. Assim que teve idade suficiente, passou a dividir seu tempo entre a mãe e o pai. Os pais não tinham um acordo quanto ao modo de criá-la e tinham idéias totalmente diferentes sobre criação de filhos.

Erica levava uma existência dual. A mãe era tradicional e restritiva. Viver com o pai era muito parecido a viver com Ozzy Osbourne. Na casa da mãe, se ela usasse um verbo inadequadamente, tinha de conjugá-lo. "Se eu respondesse ou mantivesse uma opinião quando ela achava que não estava certa, então havia todo tipo de punição", explica Erica. "Havia regras para tudo". O pai de Erica era exatamente o oposto. "Ele era extremamente liberal", continua Erica. "Ele achava que os pais deveriam ser amigos dos filhos. Não havia limites, e eu podia fazer qualquer coisa, contanto que pudesse convencê-lo de que havia uma boa razão para isso. Quando eu estava com minha mãe, desejava que ela fosse mais como meu pai. E quando estava com meu pai, desejava que ele se portasse mais como adulto."

Como filha única, Erica não tinha ninguém para conversar sobre como a rigidez de sua mãe a fazia sentir-se não amada e como a permissividade de seu pai a assustava. Sua vida era tão confusa que, quando estava no ginásio, ela mesma impôs regras para si, para que a vida tivesse certa ordem. Ela encontrou um lugar seguro entre os extremos. Enquanto seus amigos na escola estavam se divertindo em festas, ela era a "mãe da casa", que garantia que ninguém chegasse a extremos. Essencialmente, ela acabou se criando sozinha.

Formando uma disciplina melhor

Seu filho único deveria familiarizar-se com a vida da forma como você quer que seja vivida em sua casa, porque isso irá prepará-lo para a vida da forma como será vivida na escola, com amigos e, mais tarde, no trabalho. A disciplina ensina habilidades essenciais para o sucesso social, acadêmico e profissional. As habilidades essenciais incluem:

- aprender a ter autocontrole;
- ter boas maneiras;
- tratar as pessoas com bondade e consideração.

Aprendendo a ter autocontrole

Sem o autocontrole, os filhos únicos correm o risco de serem desagradavelmente exigentes. Uma grande parte do autocontrole consiste em aprender a esperar a vez do outro e aprender a conter impulsos. No Capítulo Um — *Superindulgência*, mencionei que as crianças precisam aprender que a paciência traz recompensas. Em famílias com irmãos, as crianças esperam porque têm de esperar. Elas raramente gostam disso, mas vêem depressa que as necessidades de outra pessoa podem ter precedência sobre as suas. Se a mãe ou o pai está ocupado trocando a fralda do bebê, June, de quatro anos, terá de esperar para receber seu copo de suco. Ela pode choramingar, mas a mamãe não pode trocar a fralda do bebê e servir-lhe suco ao mesmo tempo. June pode ver isso como um fato tangível. Se um filho único pede suco, provavelmente o terá quase imediatamente, porque não há outra criança pequena esperando. O filho único sabe que vem primeiro, mas os pais devem ensiná-lo que nem sempre será assim. Ele pode ser o primeiro hoje, o segundo amanhã e o último no dia seguinte.

Os bebês exigem muita gratificação instantânea, mas com filhos mais velhos as coisas demoram. Se isso se torna habitual, seu filho levará essas expectativas consigo para fora de casa. Na pré-escola, esse filho único "gratificado" será aquele que quer a atenção da professora imediatamente ou que grita porque precisa ser ouvido imediatamente. A criança com controle limitado de seus impulsos pode também ter problemas para integrar-se com outras crianças. Se não consegue aguardar alguns momentos para avaliar uma situação antes de impingir algo, é provável que as outras crianças a ignorem ou a rejeitem. Mas, se ela puder esperar e observar o que os outros estão fazendo e brincar do que eles estão brincando durante um tempo, é mais provável que eles a aceitem.

No começo de minha vida como mãe, eu era a rainha da gratificação. Eu não via nada de errado em ir pegar um lanche para minha filha quando ela me pedia e em pegar Kojak, seu ursinho, debaixo da cama, assim que ela chorava por ele. Eu estava disponível para satisfazer todas as solicitações porque achava que era o que os bons pais faziam. Como mãe pela primeira e última vez, eu não conhecia nada melhor.

Mas quando minha filha tinha cinco anos, eu dei uma boa olhada em volta e tive uma epifania. Comparada com muitas de suas amigas, ela não conseguia esperar nem um milionésimo de segundo por um copo de água ou uma nova aquisição. Quando íamos ao parque, ela não tinha medo e corria para grupos de crianças, supondo que eles fossem brincar com ela. Eu admirava sua coragem, mas, geralmente, ela corria chorando porque eles estavam envolvidos em suas brincadeiras e não queriam incluir alguém que tinha acabado de chegar. Eu sugeria que ela ficasse de lado e visse o que eles estavam fazendo primeiro; então eles poderiam convidá-la para brincar. Mas a maioria das formas de esperar era estranha para ela, então eu tive de preparar terreno, começando a insistir, diariamente, para ela esperar pelo que queria. O objetivo era ensiná-la a ter paciência, de modo que ela fosse uma pessoa mais agradável e melhorasse suas habilidades sociais também.

As crianças adoram interromper os telefonemas de seus pais, e minha filha única, que estava acostumada a ter toda a atenção, era mestre em transformar todos os meus telefonemas em uma batalha. Finalmente, tive de tomar uma atitude. Achei que devia começar deixando claro que ela não podia mais interromper meus telefonemas. Ela me pedia ajuda em coisas nada urgentes, como escolher com que roupa iria para a escola ou escolher um livro para eu ler para ela quando eu estava envolvida numa conversa ao telefone. De fato, parecia que ela esperava até eu atender o telefone para pedir. Embora eu tivesse falado com ela repetidas vezes sobre o quanto esse hábito me irritava, eu nunca insisti para que o comportamento dela mudasse. Minha resposta habitual era pedir um momento e dizer "Agora não". Aquelas palavras não tinham muito sentido porque eu nunca disse à minha filha que se ela continuasse a me incomodar, ia se ver comigo. Eu tinha transformado o sentido de "Agora não" em "Espere um segundo, e eu vou me livrar dessa ligação para lhe dar o que você quer e você sair de cima de mim".

Entretanto, um dia, quando eu estava numa ligação importante, ela teve um problema "imenso" que tinha de ser resolvido imediatamente. Eu pedi um momento e disse a minha filha que estava ocupada, e ela teria de esperar. Ela agarrou minha perna e se pendurou como um animalzinho nervoso enquanto implorava: "Mãe, preciso de você agora!" Alguma coisa precisava ser feita.

Quando desliguei, expliquei por que era importante que eu não fosse perturbada. Eu também deixei absolutamente claro que da próxima vez que ela me interrompesse enquanto eu estivesse falando ao telefone ela seria castigada, e anunciei as seguintes conseqüências:

- ela não poderia ver seu vídeo favorito no fim de semana;
- ela não ia brincar com uma amiga no fim de semana;
- ela não poderia ir dormir na casa de sua melhor amiga da próxima vez que fosse convidada.

Minha filha sabia que eu estava falando sério, e podia considerar cada conseqüência. Naturalmente, ela desobedeceu algumas vezes, mas quando isso aconteceu, eu segui minha disciplina rigorosamente. Depois de algumas situações em que ela não foi para a casa das amigas e ficou fins de semana sem vídeos, entendeu a mensagem e as interrupções pararam.

Havia, ainda, outras solicitações que minha filha esperava que fossem cumpridas imediatamente (não quando eu estava ao telefone), mas eu não esperava mais como um canguru para satisfazê-la. Em vez disso, meu marido e eu concebemos um sistema de recompensa flexível para ajudá-la a desenvolver seu autocontrole:

- Se seu pai ou eu estivesse falando ao telefone e ela ficasse quieta, ele ou eu agradeceria a ela e a levaria para dar uma volta extra pela vizinhança.
- Se ela fosse capaz de esperar para que nós a ajudássemos a encontrar um brinquedo ou para vermos uma pintura que ela fez, leríamos uma segunda história na hora de dormir.
- Quando ela mostrava paciência, dizíamos que isso nos ajudou a fazer nosso trabalho e, por isso, podíamos ter mais tempo com ela. Se ela tivesse sido extremamente boa, sabendo esperar, poderíamos planejar um piquenique no parque ou uma saída especial com amigos para a praia.

Gradualmente, nossa filha foi capaz de esperar mais tempo para gratificação, e começou a internalizar a idéia de que vale a pena ter paciência. Isso foi um processo, e nada disso aconteceu do dia para a noite, mas aos poucos vimos uma mudança em suas expectativas.

Ter boas maneiras

Ter boas maneiras envolve mais do que mastigar com a boca fechada e saber qual garfo usar no jantar. Também significa comportar-se bem e respeitar os sentimentos e as necessidades dos outros, às vezes, mesmo antes das nossas.

Boas maneiras incluem cultivar um entendimento do que é certo e errado — ou seja, ter princípios morais. À medida que ajudamos nosso filho único a ser paciente, também o estamos ensinando a prestar atenção em como suas palavras e ações afetam outras pessoas e como fazer escolhas bem ponderadas. Uma criança que pode parar e se perguntar se o seu comportamento irá desapontar ou contentar alguém é uma criança com autocontrole.

Criar um filho único respeitoso exige uma determinação extra porque o deixamos falar o que pensa com muita liberdade e ouvimos com muita atenção o que ele diz. Valorizamos sua abertura, mas, freqüentemente, esquecemos que ele precisa ouvir além de falar. Filhos únicos que não desenvolvem boas habilidades de escuta podem crescer acreditando que o que têm a dizer é mais importante que o que os outros têm a dizer. Embora possamos gostar de ouvir nosso filho único (é difícil não gostar quando há apenas um), eles deveriam ouvir-nos também. A criança que interrompe continuamente ou sempre precisa atrair a atenção para si é uma criança que não está pensando o suficiente no que estão a sua volta.

Leslie Wolf é filha única, tem dez anos, é extremamente determinada, mas sem boas maneiras. Na escola, ela vai bem, mas é ansiosa demais com seus professores e, freqüentemente, os interrompe quando eles estão explicando a lição. Se Leslie tem uma dúvida, esta precisa ser respondida imediatamente. Sua extrema necessidade de atenção a transformou em alvo de piada da classe, e seus professores estão fartos com sua falta de respeito. Os relatórios deles aos pais de Leslie refletem essa insatisfação. Com suas amigas, Leslie tende a ser extrovertida. As outras crianças são atraídas por sua energia e coragem, até que ela, inadvertidamente, magoa seus sentimentos porque não pensa antes de falar.

Em casa, Leslie sempre teve permissão para se expressar em conversas de adultos. Ela se acha no direito dado de interromper e até mesmo de responder, porque seus pais não a fazem parar. Não há outras crianças para competir com ela, então ela sempre tem a atenção. Os pais de Leslie nunca lhe fizeram entender claramente o que são boas maneiras e costumes sociais. Sua insensibilidade a fez perder amigos e pode comprometer sua vida social e seus relacionamentos com os professores. No longo prazo, a natureza intensa de Leslie pode ser uma qualidade valiosa, se ela descobrir meios de canalizá-la construtivamente. Mas ela não pode fazer isso sozinha. Os pais de Leslie têm de ajudá-la a adquirir controle. O objetivo final para disciplinar seu filho deveria ser que ele desenvolvesse uma bússola interna que apontasse para a direção certa quando você não estivesse lá para monitorar seu comportamento.

Tratando os outros com bondade e consideração

Gabe é filho único e começou o primeiro ano em uma escola nova neste ano. A transição tem sido difícil porque ele não conhece ninguém na classe. Em casa, ele tem permissão para questionar seus pais, que estão sempre tentando "raciocinar" com ele, e ele está habituado a ter o controle de seus amigos. Infelizmente, as crianças na nova classe de Gabe não aceitam bem suas tentativas incansáveis de organizá-las, e a professora chamou-lhe a atenção várias vezes por xingar as outras crianças, que conseqüentemente, o deixam fora das brincadeiras. Ele, por sua vez, fica bravo com elas, mas ninguém lhe ensinou a usar palavras para expressar seus sentimentos adequadamente. Em casa, os pais de Gabe não têm se dado bem e têm trocado insultos. Gabe ouve tudo, e porque seus pais são seus únicos modelos de papel, ele tem adotado esse comportamento.

É ingênuo de nossa parte pensar que quando somos autocentrados e não respeitamos as outras pessoas, nossos filhos únicos não vêem nem ouvem tudo o que fazemos. Em casas com mais de um filho, as crianças não estão tão envolvidas com cada movimento dos pais. Mas em uma casa com um filho único, pouco se passa sem ser visto ou ouvido.

Isso significa que temos de modelar cuidadosamente o comportamento que esperamos de nosso filho. Se quisermos que ele seja justo e respeitoso, não podemos xingar o juiz de basquetebol de "asno" por ter marcado uma falta contra ele. Não podemos dirigir pela cidade gritando com os outros motoristas, e temos de ser bons ouvintes e amigos. Se demonstrarmos preocupação sincera com os outros, é isso o que nosso filho tentará fazer também, mas temos de dar o exemplo. Quando seu filho é grosseiro com um professor ou outro adulto, chame-o de lado e pergunte como ele se sentiria se alguém o tratasse daquela forma. Se ele é mesquinho com um amigo, peça-lhe para refletir sobre como ele se sentiu quando as crianças o chamaram de falso ou tonto. Pensar na situação por um momento e colocar-se no lugar de alguém provavelmente mudará a perspectiva e a atitude de uma criança.

Os filhos únicos podem sentir que fazem parte da vida adulta a tal ponto que, freqüentemente, pensam que podem dizer qualquer coisa com impunidade. Quando você ensina bons modos em casa e seu filho sabe que se for rude ou ríspido isto não será tolerado, ele terá uma noção melhor do que a sociedade requer dele fora de casa.

Definindo a disciplina

Muitos psicólogos concordam que disciplina e punição não são a mesma coisa. A disciplina deveria ajudar seu filho a atingir o controle de suas emoções e comportamentos. A punição é o que acontece quando a disciplina não funciona.

Alguns pais são enfáticos quanto ao que será disciplina para seu filho, e sabem como impor respeito. "Nada de doce antes do jantar. Nem adianta pedir!". "Não peça chocolate no supermercado e não me interrompa quando eu estou lendo. Eu vou lhe avisar apenas uma vez, e se você não parar, será castigado". E eles realmente cumprem com sua palavra.

Se é assim que você sempre lidou com seu filho, e suas advertências têm peso, seu filho provavelmente lhe obedecerá prontamente na maioria das vezes enquanto for pequeno. Mas, quando ele for pré-adolescente, vai querer explicações, e se você não as oferecer, ele pode começar a sentir que não tem controle de sua própria vida. Ele argumentará e tentará tornar sua posição aceita, mas se você continuar dizendo não sem dar as razões, seu relacionamento será abalado, e ele não vai querer lhe fazer confidências.

Disciplina do filho único

A disciplina não é apenas fazer seu filho único se submeter à sua vontade. É também:

- ajudar seu filho a ouvir o que você tem a dizer;
- ajudar seu filho a compreender a importância do que você está dizendo;
- ajudar seu filho a aprender as regras feitas por uma determinada razão e segui-las ou haverá conseqüências.

A disciplina efetiva, significativa, inclui tanto regras claras quanto conversas sobre elas. Mas em algum momento, a conversa acaba. Deveríamos informar exatamente nosso filho sobre o que esperamos, explicar por que, e, então, estabelecer as conseqüências se ele não acatar. Isso é um processo, e é o tipo de disciplina que é mais fácil praticar com filhos únicos que com dois ou três, por que nossa atenção não é desviada. Mas não queremos ser fracos. Quando acabamos de explicar ou estamos esgotados, nosso filho não estará emocionalmente machucado se dissermos: "Não vamos mais conversar sobre isso. E se você não parar de ligar a televisão quando dizemos que você não pode assistir, você não irá ao parque esta tarde."

A psicóloga Susan Newman vê isso da seguinte forma: "Muitos pais de filhos únicos preferem sentar-se e 'falar tudo de novo'. Eles dizem: 'Agora, Lisa, você precisa entender', em vez de dizer: 'Você não pode falar comigo desse jeito' ou 'O papai está ocupado. Você terá de esperar'. Ter um filho é, freqüentemente, comparado a ter muito tempo para análise profunda do que é certo e errado em bater num amigo ou em responder para a avó. Se você é tentado a adotar a conduta 'vamos conversar de novo', lembre-se de que os pais com mais de um filho impõem regras e determinam a lei."

A disciplina não acontece da noite para o dia, e os pais têm de se sentir seguros com ela. A terapeuta familiar Francine Lee considera que muitos de seus clientes com filhos únicos têm dificuldade para impor disciplina porque acham que isso deveria funcionar instantaneamente, possivelmente porque esperam muito de seu filho único.

"Digo a James que ele não pode brincar com jogos no computador antes de terminar a lição de casa, mas tenho de lhe dizer isso cinco vezes, e então ele briga comigo. Por que ele não me ouve da primeira vez?"

Deixando as regras claras

Ele pode não entender da primeira vez porque não compreende a necessidade da regra e como ela irá afetá-lo se ele não obedecer. Esperamos que nosso filho único "entenda" da primeira vez porque passamos muito do nosso tempo "os" entendendo. Mas a continuidade é essencial para a boa disciplina com um filho único de qualquer idade. Não podemos deixá-los nos guiar com suas excelentes habilidades verbais e de negociação. A disciplina não acontece simplesmente. Temos de vê-la até o final. Aqui está um caminho para a disciplina que pode ser implementado com crianças de todas as idades. As regras e explicações mudarão para se adaptar à idade de seu filho, mas o formato permanece o mesmo.

- Estabeleça regras com clareza. Seu filho de catorze anos tem tarefas específicas que ele deve cumprir para ganhar privilégios no final de semana. Essas tarefas incluem esvaziar a lavadora de pratos, remover o lixo de seu quarto pelo menos uma vez por semana, levar o lixo para fora, passear com o cachorro e alimentar o gato.
- Explique as regras: "Não podemos fazer tudo sozinhos porque trabalhamos muito e estamos cansados no fim do dia. Sua ajuda é valiosa e apreciada. Temos de trabalhar juntos ou tudo vai virar uma bagunça."
- Identifique o problema: "Às vezes, essas tarefas são feitas, mas só depois de muita discussão e irritação. Às vezes, não são feitas. O gato parece magro, o quarto está inabitável, exceto por uma raça especial de baratas, e não há espaço para nem mais um prato na lavadora."
- Diga as conseqüências de não se seguir as regras: "Se você não mostrar responsabilidade em casa, como saberemos que você será responsável com seus amigos? Então, parece que você ficará em casa todos os fins de semana este mês."

Angela, filha única de dez anos, tem sido irresponsável com sua lição de casa. Ela não sabe onde coloca as folhas de exercícios, esquece de resolver os problemas de matemática e seu registro acusa lições não feitas. Os pais de Angela fixaram regras bem claras sobre a lição de casa. Ela não assistiria à televisão, e nada de enviar mensagens instantâneas nem jogos de computador durante a semana, até que ela terminasse a lição de casa. Mas, enquanto seus pais estavam preocupados com problemas profissionais, Angela aproveitava-se da confiança deles e, em vez de cumprir suas responsabilidades, ela "enrolava". Os pais de Angela receberam um telefonema da professora, que estava preocupada com o seu desempenho na escola.

Embora os pais estivessem cientes de que não estavam conseguindo passar tanto tempo supervisionando a lição de casa de Angela quanto passavam antes, eles esperavam que sua filha cumprisse suas obrigações. Como as coisas não estavam indo bem, eles revisaram as regras com ela e restringiram seus privilégios até que ela voltasse aos trilhos. Ela não tinha permissão para ver TV nem para usar o computador para se comunicar com amigos durante a semana, mesmo depois de completada a lição de casa. Eles também pediram que ela preenchesse uma ficha de lições de casa e que esta fosse assinada pela professora diariamente. Até as coisas irem para o lugar, eles foram duros e não se deixaram convencer pelos pedidos de Angela, ou por suas tentativas de negociação. Uma vez que seus pais impuseram as regras que já tinham sido estabelecidas, Angela percebeu que os limites existentes eram justos e que, se não fizesse o que esperavam dela, perderia seus privilégios. A ação rápida e consistente fez Angela entender que seus pais deveriam ser levados a sério.

As crianças podem tomar decisões

Filhos únicos deveriam ter a oportunidade de tomar algumas decisões, mas não a oportunidade de se verem no direito de tomar decisões. "As crianças pequenas podem e devem tomar decisões adequadas à sua idade", diz a psicóloga clínica Nina Asher. "Uma criança pequena não pode decidir quantas sobremesas deve comer num dia, mas pode escolher entre sorvete de massa ou de palito. Cabe a nós como pais dizer claramente quais são as opções e mantê-las. (...) Se os pais estabelecem parâmetros no início da infância, os filhos únicos encontrarão meios de testar os limites, tomar certas decisões sozinhos e saber que os pais estão no comando geral e que eles são encarregados pelo menor."[4]

Rosemary, de oito anos, é filha única e envolvida em inúmeras atividades. Ela tem aula de patinação no gelo, tênis e balé, tudo nos fins de semana. Agora, ela quer entrar para a equipe American Youth Soccer Organization, e sua mãe lhe disse que se ela jogar futebol, vai precisar decidir qual das atividades vai parar. Esta é uma decisão adequada para uma criança da sua idade tomar. Não seria adequado para ela decidir como conciliar tantas atividades. Uma criança de oito anos não tem maturidade suficiente para lidar com esse tipo de gerenciamento de tempo. Mas tem idade suficiente para saber como prefere usar seu tempo livre.

Carlos, de doze anos, e sua mãe estiveram discutindo sobre planos para um próximo fim de semana. Ele queria ir para o shopping com dois amigos e passar o dia lá. Mas ele também queria dormir na casa dos amigos. A mãe não arredou o pé e disse que ele podia fazer uma coisa ou outra, mas não as duas. Ele teria de escolher porque tinha de fazer o relatório de um livro na semana seguinte, e não tinha terminado de ler o tal livro. A maioria das crianças de doze anos ainda não tem noção clara das prioridades, por isso é possível que, caso decidisse sozinho, Carlos achasse de bom tamanho escolher o cinema, dormir na casa de um amigo e fazer um passeio a um parque de diversões.

Durante os anos da adolescência, em que buscam a identidade, as crianças lutarão por tudo. Mas os filhos únicos são negociadores especialmente hábeis e manipuladores sem medo, que não aceitarão um não como resposta, a não ser que você possa dar-lhes razões muito boas. Os adolescentes deveriam estar envolvidos em sua disciplina (mas não em sua punição) e em fazer escolhas maiores, porque quando são responsáveis em parte por sua disciplina, ao ajudarem a estabelecer as regras, é muito provável que eles as sigam.

Jodi, uma filha única de quinze anos, que gosta de música como Black Sabbath, adotou um estilo gótico, punk, de se vestir. Ela tingiu o cabelo de preto, usa unhas esmaltadas de preto, batom preto e faz os seus pais um tanto conservadores subirem pelas paredes.

Jodi não tem problemas na escola, mas adora irritar os pais. Eles sonham que um dia ela escolherá usar azul e ouvir rap. Jodi ainda não pediu para fazer *piercing*, então eles acham que vão superar essa fase. No ano passado, suas brigas foram principalmente sobre roupas e maquiagem. Percebendo que não iam chegar a nada, eles desistiram de brigar, e Jodi pôde usar seu guarda-roupa gótico sem guerra familiar. Mas os pais de Jodi estão planejando dar uma festa de bodas de ouro para os avós da menina, e agora Jodi precisa fazer uma escolha. Ou ela abre mão de seu visual vampiresco durante uma noite ou pode ficar em casa.

Jodi não entende por que sua família não pode aceitá-la do jeito que é. Se eles a amassem realmente, não ligariam para sua aparência. Os pais de Jodi explicaram que seus avós certamente a amam muito, mas ficariam ofendidos se ela aparecesse na festa como em uma festa de Halloween. Os pais de Jodi deram-lhe uma opção. Ela podia mudar o estilo para a festa ou ficar em casa. Eles enfatizaram que ficar em casa não era punição; era uma oportunidade para Jodi aprender que, às vezes, fazemos coisas para contentar alguém, e, às vezes, fazemos coisas porque temos de fazer. Jodi escolheu estar com os avós. Ela se comprometeu a não usar maquiagem e usar um vestido preto simples. Mais tarde, Jodi também foi capaz de concordar com seus pais que ela continuaria a se vestir de acordo nos eventos da família. Como os filhos únicos têm uma afinidade natural por assumir o comando, esse plano funcionou com Jodi. Ela sentiu que tinha o direito de dizer como se vestiria para reuniões de família e, uma vez que assumiu o compromisso, honrou-o sem brigar com seus pais.

Fazendo a disciplina funcionar com um filho único pequeno

Há várias técnicas importantes que os pais de filhos únicos deveriam lembrar de usar ao disciplinarem filhos mais novos.

Crie as regras da casa

Você pode criar seu filho único para ser colaborador em sua casa ou para ser uma força discordante com a qual se tem de lidar. Ajuda ter um conjunto de regras da casa que você pode impor se e quando você está sem energia. Você pode dizer: "Esta é nossa regra". Você poderia, ainda, considerar dar a seu filho liberdade para dizer quais seriam essas regras. Então, quando você exige que elas sejam cumpridas, ele tem participação nas coisas.

Mas, para estabelecer e assegurar sua credibilidade, você terá de impor as regras sem voltar atrás. Aqui estão algumas regras que uma criança pequena pode entender e que você pode implementar com tranqüilidade:

- As roupas para a escola devem ser escolhidas na noite anterior. Isso elimina lágrimas e pequenas discussões logo cedo.
- A hora do jantar é da família. Nada de televisão.
- Não há televisão durante os dias de semana porque é quando fazemos o trabalho de casa, lemos ou brincamos juntos.
- Os brinquedos devem ser guardados antes de você ir brincar com amigos, ou a brincadeira será cancelada.
- Nada de pintar ou desenhar na sala de estar.
- A mochila deve ser preparada na noite anterior, para não nos atrasarmos para a escola.

Se essas regras da casa forem quebradas, devem ter conseqüências razoáveis. Ficar de castigo funciona com algumas crianças; a regra geral é um minuto para cada ano da idade da criança. Para outras, as conseqüências têm de assumir formas diferentes, como guardar um brinquedo favorito ou perder o direito de ir com o pai até uma loja de materiais de construção. Com crianças pequenas, essas conseqüências devem ser imediatas e suficientemente limitadas, de modo que elas possam entendê-las.

Em cada caso, é claro, a punição precisa ser adequada à infração. Se o seu filho decide pintar um mural estilo Jackson Pollack na parede da sala, você pode querer cancelar o passeio dele à praia. Mas se ele se esquece de colocar sua lição de casa na mochila duas noites seguidas, ele pode perder o direito de brincar com videogames no fim de semana.

Ofereça reforço positivo

O tipo certo de elogio no momento certo pode motivar as crianças a ouvi-lo e fazer o que você pede sem acusações e discussões constantes.

Doreen e Greg, os pais de Milla, de cinco anos, estão frustrados com o comportamento dela em restaurantes. Eles vivem em Nova York e freqüentemente saem para comer fora porque sua cozinha é pequena demais. Embora eles começassem levando Milla junto desde que ela ainda era bebê, recentemente ela se tornou uma ameaça em restaurantes. Ela quer sair depois de alguns minutos e começa a reclamar e a se contorcer, embora leve brinquedos e livros consigo. Doreen e Greg tentaram tudo, desde ameaças até remover Milla da situação, mas nada funcionou bem por muito tempo.

Eles perceberam que estavam agindo da maneira errada. Então, em vez de serem negativos, eles assumiram uma conduta positiva. Milla adora vídeos da Disney, mas não pode vê-los antes de ir dormir porque eles são estimulantes demais. Uma noite, quando eles estavam num restaurante chinês, Milla ficou em pé na cadeira e começou a cantar. Doreen lhe disse que se ela se sentasse até eles terminarem o jantar, ela poderia ver parte de *O Rei Leão* antes de ir dormir. Milla ficou muito entusiasmada e ficou quieta. Desde aquela vez, sempre que Milla se comportava bem num restaurante, os pais a elogiavam e lhe davam um tratamento especial, como um Lanche Feliz durante a semana, ou uma volta na roda gigante no Central Park. Alguns meses depois que eles começaram a recompensá-la pelo bom comportamento, Milla conseguiu ficar uma refeição inteira sem ansiedade e sem perturbar. Isso não foi comprá-la, porque eles não estavam fazendo um trato com Milla se ela se comportasse bem. Ela estava recebendo algo especial quando se comportava bem sem ser persuadida.

Institua uma política de "privilégios-devem-ser-conquistados"

Minha filha, aos quatro anos, gostava de ver TV por alguns minutos de manhã, antes de a levarmos para a escola. Não víamos nada de errado naquilo, mas havia regras. Se ela quisesse ver *Vila Sésamo*, ela tinha de se vestir e tomar café primeiro. Não íamos discutir, então, na noite anterior, nós a lembrávamos que se ela quisesse ver o Garibaldo, ela teria de estar pronta para a escola ou eles romperiam com o acordo. Repetimos a regra por algum tempo até que ficou automático para ela chegar na mesa do café vestida e pronta.

Seu filho de quatro anos deveria ser capaz de fazer o mesmo. Esperamos que nossa filha assumisse aquela pequena tarefa e a tornamos consciente, desde o início, de que se ela não cumprisse com sua parte do acordo, não haveria TV, e fomos firmes.

Foco na solução do problema

Uma vez que eles têm tanta força em casa, os filhos únicos podem preferir determinar as brincadeiras com os colegas. Os pais de filhos únicos freqüentemente descrevem seus filhos como líderes, cujo primeiro instinto é organizar seus amigos.

Kyle, de seis anos, fica tão excitado em brincar de "faz-de-conta" que seus pais estão convencidos de que ele será diretor quando crescer. Quando ele se reúne com amigos, gosta de planejar a ação, o que geralmente gira em torno de fingir ser o Homem-aranha ou Batman. Como Kyle é carismático e tem idéias interessantes, seus amigos freqüentemente preferem concordar, mas de vez em quando alguém resiste, há uma briga e a brincadeira acaba. As crianças com irmãos aprendem rapidamente que um irmão ou uma irmã pode subverter qualquer atividade, mas os filhos únicos podem achar que as coisas vão ser como eles querem para sempre, até que os amigos lhe mostrem o contrário.

Os filhos únicos que sempre querem tomar as decisões inevitavelmente entrarão em conflito com os colegas. Quando uma brincadeira acaba em choro porque o seu filho tentou dominá-la, você pode fazer disso um momento para ensiná-lo. Não faça acusações e diga: "Vê o que acontece quando você tenta fazer tudo do seu jeito?"

Colocar a culpa não ajudará seu filho a alterar seu comportamento nem resultará numa brincadeira mais alegre. Uma questão como essa só pode levar a uma resposta defensiva. Em vez disso, pergunte o que o seu filho acha que deu errado, porque isso o fará sentir como se ele estivesse ajudando no processo. Dê a ele uma chance de pensar no problema e inventar uma forma diferente de conduzi-lo. Isso ajudará a dar a seu filho único as habilidades interpessoais de que ele precisa para fazer amizades e mantê-las. Ao contrário de crianças que têm irmãos, que precisam fazer acordos vinte e quatro horas por dia, os filhos únicos não têm a oportunidade de resolver o problema, partilhar e dizer "Sinto muito", exceto com seus amigos.

Encoraje seu filho a considerar os sentimentos dos outros e o que ele acha que será agradável para eles. Da próxima vez que ele quiser ser super-herói, mas seu amigo quiser brincar com Lego, ele pode muito bem deixar o amigo conduzir a brincadeira. Você pode ajudar seu filho a aprender que se ele for flexível e atender ao que os outros garotos querem fazer, ele também se divertirá. Ele também pode descobrir que se ele abrir mão do controle, os outros garotos o deixarão assumir a liderança novamente, quando eles estiverem dispostos a fazer alguma coisa diferente.

Fazendo a disciplina funcionar com um filho único pré-adolescente

Se você tem regras bem elaboradas e tem sido consistente exigindo o cumprimento delas, quando seu filho for mais velho, ele saberá que você não é a marionete dele e que está falando sério quando quer que ele faça escolhas e adquira autocontrole.

Crie um programa consistente

As crianças de nove a doze anos deveriam ter um programa diário que fosse bem constante. Elas podem ter treino de futebol depois das aulas, por exemplo, e então ir para casa, tomar um lanche, fazer a lição de casa, jantar e ir para a cama. Nada de TV. As tarefas podem ser afixadas na porta da geladeira ou em um calendário acessível. Além disso, seu filho deve saber o que os adultos na família precisam fazer. Por isso, sua programação também deve fazer parte do calendário.

Continue usando reforço positivo

Uma criança mais velha (com nove ou dez anos) também pode se beneficiar do reforço positivo. Pode fazer algum tempo que você deixou de empregar essa técnica, pensando que ela é basicamente efetiva com crianças pequenas. Mas as crianças mais velhas também respondem bem ao saberem que são capazes de fazer boas escolhas.

Andrew sempre foi uma criança razoavelmente tranqüila. Afetuoso e carinhoso, ele geralmente era respeitoso e causava poucos problemas aos pais — até cerca de seis meses atrás. Agora que ele tem nove anos, a sua mãe, Scarlett, afirma que, sem dúvida, ele é um "pré-adolescente". "Ele diz coisas como, 'Sai do meu quarto', e 'Não mexa nas minhas coisas'. Ele também faz comentários como 'Você não pode me dizer o que eu devo fazer'." Recentemente, Andrew estava praticando trombone (o instrumento que ele escolheu tocar). Ele estava tocando as notas erradas, e Scarlett sugeriu que eles lessem as notas juntos. A resposta de Andrew foi: "Eu vou tocar o que eu quiser". Scarlett ficou arrasada, sem saber o que fazer. Muito de sua disciplina consistia em tentar raciocinar com ele e em retirar privilégios. "Às vezes, ele tenta brigar porque é uma tática para ganhar tempo, de modo que ele não tenha de seguir as regras. Se tentamos explicar por que ele precisa fazer alguma coisa, ele não quer saber a razão. Às vezes, apelamos para dizer a ele que 'essas são coisas que você tem de fazer, e se não as fizer, estas são as punições que você receberá'."

Uma de suas amigas sugeriu que às vezes se tem resultados melhores recompensando o bom comportamento do que apenas punindo o mau comportamento. Scarlett percebeu que embora ela tivesse usado freqüentemente a disciplina positiva com Andrew quando ele era mais novo, ela não tinha usado essa tática por muito tempo.

Scarlett decidiu fazer um calendário especial do mês e disse a Andrew que para cada dia que ele fosse respeitoso com ela e com seu pai, ela colocaria um coração no calendário. Quando Andrew juntasse três corações, poderia ganhar uma sobremesa especial. "Eu sei que você não deve recompensar crianças com comida", Scarlett admite, "mas Andrew adora sobremesas, e ele não as ganha com tanta freqüência". Para o prazer dela, o calendário funcionou como por encanto, e Andrew voltou a ser como era.

Tornando-os parte do processo

Os pré-adolescentes querem e precisam de mais independência e lutarão por ela. Mas eles também precisam da estrutura que só você pode fornecer. Escolha suas batalhas. Você tem de ser flexível, mas firme. Os pré-adolescentes querem começar a tomar suas próprias decisões. Dê-lhes algumas oportunidades para fazerem escolhas.

Lena é mãe solteira de Sari, de doze anos. Sari começou a sétima série, e sua vida social está despontando. Em vez de ir brincar na casa dos amigos, Sari quer que a deixem no cinema para encontrar seus amigos e a peguem depois. "Eu dou a Sari algumas opções", diz Lena. "Pergunto se ela prefere que eu a pegue às sete ou às sete e meia. Geralmente, essa meia hora não faz muita diferença para mim num fim de semana, mas faz Sari sentir mais controle sobre seu destino. Se ela vai dormir na casa de uma amiga, posso perguntar se ela quer que eu a pegue às dez ou às dez e meia. Se ela também tem de estar na biblioteca naquele dia para fazer um relatório, ela terá menos tempo para fazer a pesquisa se optar por dez e meia. É a decisão dela, e ela tem de arcar com as conseqüências."

Fazendo a disciplina funcionar com um filho único adolescente

A disciplina vem de inúmeras formas, e você pode empregá-la em várias combinações, em diferentes fases do desenvolvimento de seu filho único. Mas se a pré-adolescência for problemática, os anos da adolescência podem ser cruéis e exigir que os pais sejam mais criativos, quando se trata de disciplina.

Lá está você olhando para cima, para seu filho de 1,80 metro, gritando com ele para limpar o quarto — ou qualquer outra coisa. Ele olha para baixo, para você, sorri de um modo condescendente e o tira de sintonia. Ou você nota que sua filha de dezesseis anos está se arrumando para sair de casa, com uma camiseta que a Madonna agora consideraria sexy. Você engole seco e diz-lhe para colocar alguma coisa mais discreta. Ela lhe dá uma olhada feia.

Embora os adolescentes façam campanha para colocar *piercings*, pintar o cabelo de todas as cores, gostem de carros legais, do acesso rápido à Internet e de ter minutos sem limite no celular, em muitos sentidos, eles são mais vulneráveis e gentis que em qualquer outro momento de suas vidas. Embora eles gritem para que os pais os deixem sozinhos e os deixem tomar suas próprias decisões, não é exatamente isso o que eles querem. O que eles querem e o que eles pretendem pode mudar a cada dez minutos. O que eles sentem no fundo é que querem se livrar de você, de suas regras e de suas exigências. Porém, se os pais forem mais fundo, encontrarão uma criança que quer experimentar, mas espera que você esteja lá para pegá-la se cair.

Os filhos únicos conhecem todas as fraquezas de seus pais porque geralmente são muito próximos a eles. Então, pode ser mais fácil para um filho único adolescente conseguir o que ele quer quando quer do que para um adolescente que tem irmãos. Saiba que seu filho único tem todas as técnicas à sua disposição para explorar suas emoções em cada ocasião. Ele conhece intimamente sua motivação e é capaz de identificar cada reação sua.

Filhos únicos adolescentes deveriam saber que você não é amigo ou companheiro deles, embora eles tenham sido incluídos em muitas decisões de família. Muito do drama que ocorre quando as crianças se tornam adolescentes tem a ver com a incapacidade dos pais de se impor ao filho e de serem claros quanto ao que é aceitável. Ele desejará fazer parte da família e, ao mesmo tempo, não fazer parte da família. Ele vai querer estar lá e, ao mesmo tempo, não estar lá. Ele vai reclamar, provocar e testá-lo, e é aí que as regras da casa para adolescentes são extremamente úteis.

Faça regras da casa adequadas para adolescentes

As regras da casa são importantes para uma criança pequena, mas elas se tornam até mais valiosas para um adolescente. Os adolescentes reagem bem à rotina porque suas vidas são erráticas demais. Eles estão tentando lidar com o corpo que está mudando rapidamente, com conflitos com amigos, com a autodescoberta sexual, com pressões escolares e com uma cultura que lhes diz que eles têm de ter sucesso antes dos vinte anos. Tudo parece destinado a desarmá-los. Para se sentirem centrados, os adolescentes precisam saber que o lar é um lugar seguro. Mas esse lugar seguro não vem de pais inconstantes. Ele vem de pais capazes de manter as regras, mas que também pedirão sugestões e que também podem entender. Esta é uma amostra dos tipos de regras que um adolescente filho único pode respeitar:

- Não há planos após as aulas, a não ser que o seu filho esteja tendo aulas de música, de dança, participando de esportes, teatro e outras coisas.
- Ele não pode receber telefonemas a não ser que sejam sobre a lição de casa. Para qualquer chamada, os pais pegam os recados e as ligações podem ser retornadas quando a lição de casa for completada.
- Nada de televisão nem de Internet no quarto. Quando toda a lição de casa for completada, ele pode mandar mensagens para seus amigos, quinze minutos antes de ir para a cama.
- Todas as tarefas devem ser completadas antes de haver qualquer plano de compromisso social no fim de semana. As tarefas podem incluir esvaziar a máquina de lavar pratos, alimentar e passear com os cachorros, pôr a mesa e lavar os pratos e as roupas.
- Horários de voltar para casa estabelecidos de comum acordo não podem ser desobedecidos. Mas podem ser renegociados, dependendo do evento social. Não há desculpas para não ligar, mesmo se ele for se atrasar só cinco minutos.
- Nada de festa sem a presença dos pais.

Coloque isso por escrito

Um plano disciplinar efetivo para um filho único adolescente começa com a organização e colocando-se os acordos por escrito. É difícil discutir sobre o que está na sua frente. Um calendário também pode funcionar para um filho único adolescente que sabe como fazer seus pais se sentirem culpados ou com pena dele.

Qualquer pai de um adolescente dirá que a metade do tempo é gasta discutindo-se detalhes. A maioria dos filhos únicos está pronta para discutir casos perante a Suprema Corte desde a pré-escola, e você é o público cativo de seu filho. Ele irá bombardeá-lo com argumentos como "Se você fizer isso, eu posso fazer aquilo?"; "Por que eu tenho que ter hora para chegar?"; "Você nunca me deixa ir a lugar nenhum nem fazer nada";

"Você não pode me dizer o que eu devo fazer"; "Por que você não pode ser normal?"... Estar preparado o ajudará a suportar o tornado.

Alexa, filha única de Donna e Jake, fazia todos correrem para atender a seus pedidos. Assim que Alexa entrou no colégio, sua programação ficou tão complicada que ela e seus pais brigavam constantemente quanto ao que ela podia e não podia fazer. Entre a prática de basquetebol, os ensaios de teatro, a lição de casa e uma série infindável de atividades sociais de Alexa, Donna ficou esgotada. Alexa tinha uma versão de onde ela tinha permissão para ir e do que ela podia fazer, e seus pais tinham outra. Donna ficava tão desconcertada tentando manter tudo no lugar que, finalmente, ela apelou para um calendário. Ela anotou os planos de todos no calendário, e então, se houvesse conflitos, seria fácil detectá-los. Isso tornou mais fácil dizer sim ou não às solicitações de Alexa. Alexa podia ver a semana impressa, o que lhe permitia estar ciente das restrições de tempo. Isso, por sua vez, diminuiu a probabilidade de Donna dizer a Alexa que ela podia fazer alguma coisa e, então, de repente, lembrar-se que não era possível, o que sempre resultava em discussões acaloradas.

O calendário funcionou para todos os três. Era fácil ver as obrigações de todos, o que impedia acusações do tipo: "Você disse que eu podia fazer isso e agora está me dizendo que eu não posso. O que eu fiz para merecer isso? Você é injusta demais!"

Não hesite em punir

O diálogo é parte integral da disciplina de um adolescente, mas, às vezes, seu filho quebrará as regras e se comportará tão mal que seus acordos não poderão ser honrados. Nesses casos, a rápida punição é cabível, e você deve dizer: "Porque eu disse isso" ou "Vai ser assim". Não se esqueça que você é o pai. Não perca mais que um minuto pensando na dor psíquica que você pode infringir em seu filho único (que provavelmente tem uma vida melhor que você já sonhou ter).

Uma das punições que mais funciona é deixá-lo de castigo, porque é imediata e inegociável. Também funciona limitar uma atividade que seu filho adora fazer. Meghan adora teatro e, recentemente, ganhou um papel grande na peça da escola. Infelizmente, ela também tirou um "C" em geometria, o que convenceu sua mãe que ela não conseguiria conciliar seu trabalho no teatro com seu estudo de matemática. Para manter Meghan no rumo certo, sua mãe lhe disse que ela não seria capaz de assumir o papel principal na peça. O choro de Meghan pôde ser ouvido da Califórnia a Nova York, mas sua mãe foi firme. Até a nota de matemática subir, a cortina estava abaixada para o teatro. O objetivo foi ensinar Meghan a ter autodisciplina.

Se Meghan não se esforçar muito, ela também não poderá ensaiar muito. A capacidade que um filho único adolescente tem de se divertir deve ser equivalente à responsabilidade que ele assume. Quando os pais insistem nessa equação, seu filho pode querer despachá-los para o purgatório, mas pelo menos ele não vai querer escapar por assassinato.

Como os pais podem evitar a ansiedade da disciplina

Aqui vão algumas dicas para ajudá-lo a disciplinar adequadamente seu filho único:

- Respeite a diferença entre disciplina e punição. Você não precisa punir, a não ser que não haja disciplina.
- As regras devem ser claras e razoáveis. Deixe as conseqüências de não se seguir as regras claras. Se você for fácil de ser convencido, isto só deixará todos infelizes.
- Lembre-se: a disciplina significativa não acontece da noite para o dia.
- Estabeleça as regras da casa e mantenha-as, a não ser que haja um desastre natural ou que seu filho de repente adquira a sabedoria dos idosos.
- Os filhos e os pais não são criados do mesmo modo. Temos mais privilégios que eles porque os conquistamos. Eles devem conquistar os seus também.

- Recompense bons comportamentos. Todos precisamos do incentivo espiritual que o reforço positivo oferece.
- Revise as regras da casa quando seu filho crescer e estiver preparado, em termos de desenvolvimento, para lidar com novas responsabilidades.
- Finalmente, não ceda, não desista e não se esqueça de que seu adolescente, que foi abduzido por estranhos, eventualmente o procurará de uma forma mais reconhecível.

Faça seu Teste

Você é um pai fóbico à disciplina?

- Você preferia ser condenado a assistir ao *Barney* durante dez anos a negar um privilégio a seu filho?
- Você faz as tarefas de seu filho por ele porque não suporta ouvi-lo reclamar?
- Você cede a pedidos de seu filho para ir dormir mais tarde, chegar em casa mais tarde e assistir à TV mais horas porque você não agüenta pensar em outra briga?
- Você tem medo de que seu filho o odeie se você disser não mais uma vez?
- Você é incapaz de estabelecer regras e limites concretos para seu filho porque tem medo de ser chamado de autoritário?

Se você respondeu "sim" a essas perguntas, então pode ser um pai que tem medo de disciplinar seu filho único. Lembre-se de que quanto mais presente você estiver na vida de seu filho adolescente e impuser controles razoáveis, menos ele tentará se opor a você. Não fique acordado à noite preocupando-se em lhe dar ultimatos quando necessário e não se preocupe em perder o amor de seu filho único. Você pode dizer a seu filho que nem sempre você vai concordar. Diga-lhe que pelo fato de você ser adulto e ele adolescente, há momentos em que você vê o mundo de forma diferente. Mas você partilha objetivos para sua família e seu relacionamento que sempre incluem amor e respeito.

Freqüentemente, pais de filhos únicos com fobia à disciplina compensam-no excessivamente por terem apenas um filho. Infelizmente, essa culpa os levará a ignorar o comportamento desrespeitoso e controlador de seu filho. No próximo capítulo, focaremos a culpa que leva à compensação excessiva e a como lidar com ela.

Capítulo Quatro

Compensação Excessiva

Sinto-me muito culpada o tempo todo por ter um único filho. Sinto que meu filho vai sofrer mais tarde na vida. Não tenho certeza de por que sinto isso, mas só quero fazer o melhor para ele. Mais que tudo, odeio aquelas perguntas estúpidas que as pessoas fazem, como "Quando você vai ter outro?" ou "Você não está preocupada se seu filho será egoísta e mimado?"

A permissividade material e emocional, discutidas no Capítulo Um, são motivadas tanto pela incapacidade dos pais de controlar sua generosidade com seu filho único quanto, em certo grau, pela culpa. Muitos pais são permissivos simplesmente porque têm meios e porque isso é bom. Eles não necessariamente se sentem culpados por terem apenas um filho.

A compensação excessiva, tanto material quanto emocional, entretanto, é totalmente dirigida pela culpa. A permissividade e a compensação excessivas podem parecer como gêmeas na aparência, mas suas "personalidades" são diferentes. Os pais que compensam demais estão sempre tentando compensar por terem um filho único, mas os pais que são permissivos demais podem estar contentes em ter um filho e simplesmente gostar de mimá-lo.

Os pais de um filho único, freqüentemente, respondem à culpa interior, à desaprovação pública, à pressão da família e a outros fatores com uma variedade de comportamentos compensatórios que não são saudáveis para seu filho. Eles podem tentar atenuar sua culpa de diversas formas, desde garantir que seu filho não precise lutar por nada e tornar a vida dele o mais tranqüila possível, até agir como um irmão substituto. Em situações comuns como essas, os pais de um filho único são inclinados a fornecer um excesso de permissividade material e engajamento emocional. Todas as formas de supercompensação estão em jogo, porque os pais tentarão quase tudo para reduzir sua culpa.

Os pais que têm um filho único porque não puderam ter outro geralmente se culpam por várias coisas, inclusive por não adotar, por não procurar tratamentos de fertilidade mais agressivos, por ser pai solteiro e trabalhar longas horas, e até mesmo por não ter começado suas famílias muito cedo. A fita que toca em suas cabeças é sobre "deveria ter", "poderia ter", "teria" — o que não é um refrão produtivo. Os pais que escolhem ter um filho podem estar satisfeitos com sua decisão até que o mundo aponte alguma coisa errada com sua família, porque eles "deveriam ter" mais de um. Pelo menos a metade das cartas que recebemos em nossa publicação, *Only child*, é sobre culpa e sobre o quanto muitos pais de filhos únicos se sentem marginalizados.

Já vimos que 20% das crianças nos Estados Unidos são filhos únicos, mas o estigma mal começou a desaparecer. De fato, em cidades menores, os pais com um filho não são apenas considerados peculiares — na verdade, são considerados maus pais por terem privado seu filho de ter um irmão.

Aqui estão algumas das razões mais comuns para a culpa que assola os pais de filhos únicos e que pode levar à compensação excessiva, emocional ou material:

- Os pais culpam-se por terem apenas um filho.
- Famílias em que o casal trabalha, pais solteiros e pais divorciados que dividem a custódia sentem culpa por não dedicarem tempo suficiente a seu filho.
- A família, os amigos e mesmo seus filhos únicos fazem os pais se sentirem como se fossem excluídos.

Compelidos pelo desejo de se sentirem "normais", os pais de filhos únicos lutam para superar suas inadequações e podem dar muito de si aos filhos, além de coisas em excesso, porque estão presos a uma teia de culpa irrealista.

Tipos de culpa e supercompensação

Os pais de filhos únicos parecem ter um suprimento inesgotável de culpa. Eles se contorcem, tentando chegar a um acordo com o que vêem como um dos maiores (se não o maior) erros de suas vidas: ter um filho único. As mães expressam essa culpa livremente, enquanto os pais tendem a reprimi-la.

Por exemplo, Maria é a mãe de um menino de sete anos. Ela sofre de infertilidade secundária e todos os dias de sua vida se sente atormentada pela culpa, preocupada se seu filho será sozinho e se sentirá infeliz, tanto agora como no futuro, porque não tem um irmão. Ela quer que ele "se aconchegue" em seu amor e beneficie-se do melhor que ela pode lhe oferecer financeira e emocionalmente. No entanto, Maria não acha que isso será o suficiente para assegurar a felicidade de seu filho. Em vez de se concentrar em dar-lhe um ambiente em que ele possa tornar-se o melhor de si, ela passa horas fixada naquela coisa que ela não pode lhe dar. A adoção está fora de questão porque o marido de Maria não se sente bem em criar uma criança que não seja seu filho biológico.

Veja outra história: Martha, de quarenta e seis anos, e seu marido esperaram para ter filhos. Eles ficaram empolgados ao terem um, mas depois de algumas tentativas por um segundo filho, todas terminadas em abortos, tomaram a decisão definitiva de não ter mais filhos. Por um lado, Martha gosta de poder dedicar tempo à sua filha de nove anos, sem ser puxada em dez direções diferentes. Por outro, ela fica deprimida quando descobre que uma amiga ou parente está grávida. "Ter um filho parece me incomodar mais do que incomoda meu marido ou minha filha. Às vezes, sinto como se fosse a única no planeta que tem um único filho. Freqüentemente, penso que há algo errado comigo por não fazer tudo o que posso para ter mais filhos."

Aqui está mais um exemplo: Emma e Doug decidiram parar em um filho porque isso parecia se encaixar perfeitamente na vida de um casal ocupado, em que os dois trabalhavam. Doug é diretor de arte, e Emma é *designer* de roupas. Ambos têm suas próprias empresas. Eles queriam uma família, mas não uma família grande, porque nenhum deles queria comprometer sua carreira. Um filho era perfeito, e eles têm sido capazes de conciliar a criação de sua filha, Alice, com a direção de seus negócios e sustentar suas atividades de criação.

Eles nunca pensaram realmente no que significa ter um filho único e estavam à vontade com sua decisão até que Alice fez dez anos.

"De repente, eu tive crises de culpa por privá-la de um irmão ou irmã", diz Emma. "Gostamos de nosso estilo de vida e temos a quantidade certa de tempo e dinheiro para dedicar a Alice e a nossos interesses. Mas, por alguma razão, eu comecei com idéias românticas de minha filha ter alguém mais com quem pudesse dividir segredos e histórias de família mais tarde em sua vida. Talvez eu tenha sido egoísta. Doug e eu estamos preocupados se a nossa opção foi a certa para nós, mas não para Alice."

Infelizmente, Maria, Martha e outras como elas sentem por sua incapacidade de ter mais filhos. Pais como Emma e Doug refletiram cuidadosamente para chegar à opção de ter um só filho. No entanto, eles também podem começar a se ver como algozes e a seu filho como vítima, se os amigos e parentes criticarem sua decisão e lhes disserem que eles fizeram algo terrível ao não darem um irmão para Alice. Assim, fica fácil demais transferir essa noção de vítima à sua filha única e vê-la muito frágil e incapaz de lidar com isso. A verdade é que os filhos únicos que são educados em lares realistas, com amor, convivem muito bem com colegas e adultos. Mas quando os pais se sentem culpados, não importa o quanto sua família possa estar funcionando bem, a situação nunca estará boa o suficiente. Eles não conseguem afastar o sentimento de que são diferentes e ficam desesperados para compensar o que acreditam ser uma perda enorme.

Ninguém tem tudo em uma família, e, com a exposição adequada, uma filha como Alice encontrará primos e amigos próximos com quem ela poderá dividir aqueles "segredos" de família. Certamente, é romântico pensar que os irmãos preencherão todos os espaços na vida de uma criança. De fato, legiões de adultos com irmãos podem atestar que quando cresceram tinham pouco em comum com seus irmãos e, se pudessem optar, nunca os teriam escolhido como amigos.

Superprogramação

A compensação excessiva pode assumir a forma de programar aulas, esportes e viagens para um filho único, na tentativa de dar-lhe toda oportunidade e torná-lo o melhor em tudo. Os pais podem começar a se sentir tão mal por seu filho que o esmagam emocionalmente ou o inundam de bens materiais.

Danielle e Jason, por exemplo, são os pais de Patti, de oito anos. Eles preferiram ter apenas um filho porque não têm meios para ter outro, do ponto de vista emocional e financeiro. Embora eles estejam contentes com a decisão, o resto do mundo não os deixará em paz e irá conspirar para fazê-los sentir-se culpados com sua escolha. "As pessoas ficam me dizendo que na verdade é um pecado ter apenas um filho", diz ela. "Amigos meus têm dois ou três filhos e odeiam passar até mesmo cinco minutos com eles, enquanto nós gostamos de ficar um tempo juntos, como família. Acho que as pessoas deveriam pensar duas vezes antes de criticar uma família com apenas um filho."

Embora Danielle faça o melhor para não se sentir envergonhada com esses comentários, ela se vê compensando e querendo "mostrar" aos seus críticos a criança maravilhosa que Patti é. Então, violino, balé, aulas de tênis e futebol americano preenchem a semana da menina. Danielle acha que o tempo que ela passa cultivando os interesses de Patti demonstra sua dedicação como mãe e prova que sua filha não é uma filha única mal ajustada, mas sabe participar de equipes com sucesso. A esperança secreta de Danielle é que Patti se torne uma violinista realizada e uma jogadora de futebol boa o suficiente para ganhar bolsa na faculdade.

Patti escolheu suas atividades e gosta de todas elas, mas Danielle acha que sua filha provavelmente esteja com atividades demais. "Eu sei que estou supercompensando Patti por ser filha única, mas só quero que as pessoas saibam como ela é incrível. Embora eu sempre queira que Patti faça o melhor para si, às vezes eu a pressiono demais porque não agüento lidar com os amigos e parentes que me fazem sentir culpada."

Proteção emocional excessiva

Como vimos, mesmo aqueles que se sacrificam muito para ter um filho não se dão muito crédito por terem conseguido tornar-se pais. Em vez de se sentirem orgulhosos por terem sobrevivido a testes dolorosos, injeções, procedimentos de fertilização sem sucesso ou a outros tipos de luta e mesmo ao constrangimento público e à culpa, eles acham que falharam por não terem sido super-reprodutores. Então, supercompensam, tentando ter certeza de que seu filho tem uma vida livre de estresse e dificuldades.

Por exemplo, Ruby, arquiteta, e Jack, analista financeiro, lutaram muito para ter seu filho, Craig. Eles suportaram anos de tratamentos de fertilidade, e, então, quando Craig apareceu, foi como um milagre. Quando o menino tinha quatro anos, o casal decidiu que queria outro filho, mas nenhum dos dois tinha força para passar por todos aqueles procedimentos de fertilização novamente. Acharam que a adoção poderia funcionar para eles. Então participaram de seminários de adoção e até entraram em contato com um advogado. Depois de avaliarem quanto custaria adotar e quanto tempo poderia levar, concluíram que o processo era complexo e caro demais para eles.

Se isso fosse um filme, a história acabaria com cenas dos três felizes se divertindo na praia, curtindo-se mutuamente, sem arrependimentos. Mas não foi assim que as coisas acabaram. Agora que Craig tem sete anos, Ruby está mergulhada em dúvidas e culpa. Ela se culpa por não tentar a fertilização *in vitro* novamente e por não continuar com o processo de adoção. Ela se considera fraca e covarde e acredita que transformou seu filho num fracasso porque não lhe deu um companheiro. Ruby teme que Craig fique sozinho para o resto de sua vida, e toda vez que ela olha para ele, está convencida de que ele sofreu danos irreversíveis.

Jack é mais realista. Ele admite certa culpa por ter abandonado o programa de adoção, mas se adaptou a ter um filho só e tenta tranqüilizar sua esposa dizendo que Craig crescerá e será uma pessoa sem problemas, se ela parar de tentar tornar a vida dele perfeita. A fim de se sentir melhor por ter "enganado" Craig, Ruby o compensa emocionalmente. Ela tenta garantir que seu filho seja alegre, assegurando que o fracasso não faça parte do vocabulário dele.

Antes de Craig poder encontrar soluções por si próprio, Ruby está lá para mostrar-lhe como fazer as coisas da melhor forma. Jack tenta bloquear as intervenções de sua esposa quando pode. Se Ruby insiste em ajudar Craig na lição de casa antes de ele pedir, Jack diz: "Por que você não o deixa tentar sozinho?"

Quanto mais energia Ruby coloca em ser coordenadora de projeto e companheira de lição de casa, menos espaço Craig tem para si mesmo. Se Craig discute com um amigo ou está triste porque não jogou bem futebol, a mãe insiste em cuidar de seu "desapontamento". Ruby até telefona para os outros pais, para que eles possam resolver juntos as discordâncias entre seus filhos, em vez de deixá-los resolver isso sozinhos. Ela se preocupa constantemente com o bem-estar de Craig na sala de aula e no parquinho.

A falta de fé de Ruby em Craig transformou-o numa pessoa hesitante, que evita a confrontação e desata a chorar quando está frustrado com um problema de matemática ou com um livro desafiador. Ele não suporta nada que seja difícil, porque sua mãe usurpou seu poder. As intenções de Ruby são as melhores, mas porque o comportamento dela é motivado pela culpa irrealista, o resultado é o oposto do que ela deseja.

Ruby acha que roubou a alegria de seu filho ao não lhe dar um irmão, mas ironicamente não é isso o que está prejudicando Craig. A culpa e o excesso de compensação são os verdadeiros culpados que impedem Craig de ser ele mesmo.

Buscando irmãos postiços

Pais culpados de filhos únicos podem conseguir criar seus filhos de modo que eles, de fato, se encaixem nos estereótipos de filhos únicos — ou seja, crianças presas, retraídas e inseguras. Os pais como Ruby sentem-se fracassados e não querem que seu filho sofra o mesmo destino. Por isso, garantem que seus filhos tenham sempre seus pára-quedas aberto e possam fazer uma descida tranqüila. No entanto, o pouso pode ser difícil.

Alguns pais gastam quantidades extraordinárias de tempo e energia tentando assegurar amizades estáveis para seu filho, mas o que eles percebem, freqüentemente, é que a maioria das outras famílias não está tão interessada nesse projeto quanto eles, e isso magoa.

Por exemplo, Lara, uma mãe que fica em casa com seu filho adotado, Ben, não tem meios de fazer outra adoção. Ela está cheia de culpa, porque Ben não tem um irmão. Lara fala francamente sobre suas preocupações. "Meu marido acha que eu me preocupo demais", diz ela. "Parece que eu estou sempre telefonando e convidando os filhos dos outros para virem brincar, mas todos os garotos na vizinhança têm irmãos, e eles não podem estar com Ben o tempo todo. Por mais tolo que possa parecer, estou procurando um garoto em nossa vizinhança que seja um companheiro constante de nosso filho."

Essas tentativas desesperadas de compensar a situação de Ben podem fazê-lo sentir-se desesperado também. Se ele ouve a mãe pedindo aos outros pais para mandarem seus filhos lá, Ben pode começar a se considerar muito só, embora possa ficar perfeitamente bem, às vezes, brincando sozinho. A busca de Lara por uma companhia permanente pode não só fazer Ben sentir-se diferente, mas também pode impedir que ele encontre amigos sozinho. Um pai que esteja supercompensando, como Lara, pode querer preencher o vazio do irmão, mas os esforços dela não o ajudarão em seus relacionamentos com os amigos.

Os filhos únicos são adeptos da brincadeira imaginativa e, geralmente, fazem amizades facilmente. Como foi discutido antes, eles valorizam muito as amizades e com pouca ajuda dos pais, normalmente, eles estabelecem relacionamentos longos e duradouros. Mesmo garotos com irmãos não brincam necessariamente juntos o tempo todo, ou seja, a noção que Lara tem de uma companhia permanente é uma projeção da culpa dela.

Alguns pais de filhos únicos podem sentir-se culpados, mas são capazes de conter-se antes de mover o céu e a terra para dar a seu filho o que eles têm certeza que lhe falta. Aos poucos, Carrie Roberts e seu marido, Ron, por exemplo, têm-se conscientizado de sua tendência a supercompensar.

Carrie costumava virar-se do avesso para conseguir colegas para brincar para seu filho de onze anos, Jed. Ela começou a ficar obcecada em mantê-lo ocupado quando ele tinha apenas dois anos porque imaginava que quanto mais cedo, melhor. A solução de Carrie era "pedir emprestado" os filhos dos outros por uma tarde, para que Jed tivesse sempre um amigo por perto. Mas, quando tinha oito anos, Jed queria escolher seus próprios amigos ou mesmo ter tempo para si mesmo. "Para ser honesto", ele lembra, "às vezes ela me constrangia porque se esforçava demais para que eu brincasse com os outros garotos". Jed percebeu que alguns daqueles garotos não estavam com ele porque queriam, mas porque seus pais os tinham convencido. Havia também dias em que ele queria estar sozinho para ler ou andar de *skate* na vizinhança sozinho. "Eu sei que mamãe tentou facilitar as coisas para mim, mas nem sempre quero que as coisas sejam mais fáceis. Eu só quero encontrar meus amigos e fazer algumas coisas do meu jeito."

"Tentamos facilitar as coisas para Jed porque nos sentíamos mal por ele não ter um irmão ou irmã para brincar", comenta Carrie. "Queremos que tudo seja maravilhoso para ele, mas temos de nos lembrar que não estamos aqui para remover todos os obstáculos, mas sim, para ajudá-lo a pensar as coisas por si mesmo. Às vezes, Jed nos ajuda com isso. Ele diz: 'Mãe, Pai, deixem-me sozinho. Eu posso fazer isso'. Sem dúvida, nós tendemos a ser pais superprotetores. Mas estamos nos esforçando para corrigir isso." Agora que está mais velho, Jed tem amizade com muitos tipos diferentes de garotos e convive com quase todos. Carrie e Ron aprenderam que quando Jed está sozinho, não é porque ele não pode estar com um amigo, mas porque ele prefere que seja assim, pelo menos por um tempo.

Carrie e Ron reconhecem que se sentem culpados e têm a tendência para supercompensarem. Eles estão aprendendo a controlar esse impulso, e assim poderão tornar-se pais melhores. Com a ajuda de Jed, eles se afastam, olham situações mais objetivamente e estão permitindo que seu filho estabeleça amizades que são significativas para eles.

Presença, e não presentes

Como vimos com a permissividade no Capítulo Um, carregar um filho com posses materiais, festas extravagantes, viagens e presentes é outra forma de pais ausentes de filhos únicos suavizarem a forte culpa que sentem. Se eles tivessem mais de um filho, não gastariam tão facilmente nem se sentiriam obrigados a dar o que eles no fundo sabem que não é necessário ou, às vezes, nem é desejado.

Aqui vai outro exemplo: os pais de Madison Richland divorciaram-se quando ela tinha sete anos. Agora que ela tem vinte e quatro, olha para trás, para sua infância, com afeição e com uma noção de perda. O divórcio de seus pais foi amigável, e eles dividiram a custódia de Madison. A mãe, Jessica, é uma advogada muito competente e sócia de um escritório de advocacia e que passou muito pouco tempo com Madison enquanto ela crescia. Quando estava na casa de sua mãe, Jessica raramente estava lá, e Madison era cuidada por uma babá, que a buscava na escola e tomava conta dela até Jessica chegar em casa, geralmente depois que Madison já estava dormindo. A mãe de Madison não podia deixar de viajar muito e de trabalhar longas horas, embora ela se sentisse culpada por não estar com sua filha única.

Madison sorri quando se lembra como a mãe dela a compensava pela ausência. Jessica exagerava em todos os feriados e aniversários.

"Até o Dia de São Patrício, padroeiro da Irlanda, era ocasião para uma celebração extravagante, e nem éramos irlandeses", lembra-se Madison. "Eu acordava de manhã e descia a escada cheia de dinheiro falso. E seguia a trilha. Geralmente, isso levava à sala de jantar, onde havia uma pilha de presentes na mesa — todos para mim. No Dia dos Namorados, minha mãe desenhava uma árvore com galhos brancos e pendurava presentes e chocolate — tudo para mim. O Natal e a Páscoa na casa dela eram ainda mais extravagantes."

Madison não era diferente da maioria das crianças e, certamente, gostava de ganhar presentes, mas eles não a faziam sentir-se melhor por ser deixada sozinha. De fato, toda a permissividade material levava-a a pensar que alguma coisa estava errada, porque, sem dúvida, os duendes de Daddy Warbucks não deixavam uma loja de brinquedos nas casas das amigas dela, que tinham irmãos, como deixavam na casa dela.

Quando Madison ficava com o pai, a situação era inversa. Ele a enchia de atenção, mas não lhe dava posses materiais. "Adoro minha mãe e meu pai, mas quando olho para trás, entendo que o comportamento de minha mãe era mais motivado pela culpa que pelo amor, e é isso o que mais me incomoda. É claro que eu teria preferido passar um tempo com ela, e não gosto de pensar que minha mãe estivesse infeliz. Mesmo agora, ela me manda enormes pacotes na Páscoa e no Dia dos Namorados. Então, acho que ela ainda se sente muito culpada, mas não é algo que eu possa conversar com ela."

Madison não tinha irmão para discutir isso e não podia dizer nada para o pai porque ela não queria parecer ingrata, muito menos alimentar discussões entre seus pais. Então, ela aceitava os presentes, mas não a culpa em que eles vinham embrulhados.

Em famílias com dois ou três filhos, os pais podem ter empregos que exigem muito de si e ter de ficar fora de casa com tanta freqüência quanto Jessica, mas se eles quiserem compensar, terão de fazer isso para os dois ou três filhos, o que requer muito mais dinheiro e energia. Imagine uma árvore do Dia dos Namorados para três ou uma celebração do Dia de São Patrício para quatro. Não conheço pais com vários filhos que chegam a esse ponto para compensar a ausência e abrandar sua culpa. Esses pais contam com o fato de que seus filhos possam ocupar-se uns dos outros, e isso freqüentemente basta.

Reagir exageradamente a problemas normais

Pais ausentes podem, ainda, tentar compensar demais, dando saltos erráticos no âmbito paterno que geralmente não lhes são comuns. Os pais de um filho único que estão mergulhados no trabalho e sentem-se culpados por não estarem envolvidos podem tornar-se o que chamo de pais impulsivos. Em outras palavras, eles reagem exageradamente ao que está acontecendo com a vida de seu filho.

Por exemplo, se eles não estão atentos ao desempenho acadêmico de seu filho, e ele traz um D em matemática para casa, de repente esses pais podem decidir pressioná-lo. Em vez de estarem envolvidos consistentemente e acompanharem qualquer dificuldade que seu filho possa estar passando na escola, eles intervêm para controlar o prejuízo. Depois de telefonarem para os professores e tutores para "consertar" as coisas, eles voltam para o escritório, sentindo-se melhor porque cumpriram o papel de pais naquele dia. Eles estavam lá para remediar a situação e empurrar a culpa bem lá no fundo, por um momento. Mas, geralmente, tudo o que eles conseguem fazer é virar o foco de luz para seu filho, torná-lo constrangido por um momento e, finalmente, ressentido.

Ninguém tem mais ciência do quanto pode ser importante para seus pais do que um filho único, que faz parte de um triângulo íntimo. Uma vez que não há irmãos para desviar a atenção dos pais, um filho único é totalmente sintonizado em quem são seus pais. Por isso, se mamãe e papai ficam indevidamente chateados com uma nota na prova, o filho de pais ausentes sabe que eles só usam seu chapéu de pais quando a massa crítica foi atingida. Ele também pode perceber que aquelas reações exageradas vêm da culpa.

Nick e Kathy, por exemplo, são médicos, e seu filho, Lyle, que está na nona série, foi basicamente cuidado por uma babá que esteve com ele desde que nasceu. Nick admite que, devido ao fato de ele e sua esposa trabalharem tanto, eles se sentiam extremamente culpados em deixar Lyle aos cuidados da babá até depois do jantar. Eles contavam que ela acompanharia a lição de casa e levaria Lyle às atividades extracurriculares. "Freqüentemente, acabávamos estando lá para Lyle quando as coisas saíam do controle na escola ou com seus amigos, mas não regularmente", diz Nick com tristeza. "Não foi assim que planejamos as coisas, porque gostamos de nosso filho."

Quando as notas de Lyle despencavam ou quando ele tinha um problema com um professor ou outra criança na escola, Nick ou Kathy apressavam-se a corrigir as coisas. "No mês passado, ele veio para casa com um C na prova de espanhol", lembra Nick. "Lyle é quase fluente em espanhol, e eu não entendi qual foi o problema. Mas, em vez de conversar com ele e ver a prova, eu reagi exageradamente e estourei. Disse a Lyle que estávamos desapontados *com ele,* quando, na verdade, estávamos desapontados conosco. Nós nos sentíamos culpados por não sermos o tipo de pais que deveríamos ser. A mãe dele e eu sabemos que quando agimos assim, isso só faz Lyle se retrair e parar de se comunicar conosco."

Depois que Nick questionou Lyle sobre sua nota em espanhol, ele recebeu um telefonema no escritório da orientadora da escola, querendo marcar uma reunião com Nick e Kathy no dia seguinte. A orientadora explicou que o C em Espanhol foi a ponta do iceberg. Todas as notas de Lyle estavam caindo. O estudante que antes tirava A estava se tornando, rapidamente, um aluno C ou D. Além disso, os professores estavam comentando que Lyle estava começando a se comportar mal em classe. A orientadora explicou que Nick e Kathy tinham de demonstrar um interesse maior pela vida diária de seu filho, porque as notas baixas dele eram um pedido de atenção. Ela também disse que se eles não tomassem cuidado, quando Lyle crescesse, ele poderia tentar obter a atenção de maneiras mais autodestrutivas.

A reunião foi um catalisador para uma mudança na vida dos pais de Lyle. Kathy decidiu levar outro médico para seu consultório, para que pudesse trabalhar menos horas. Ela iria pegar Lyle na escola e ver se a lição de casa estava completa. Eles tentariam jantar juntos como uma família pelo menos três vezes por semana e ficariam mais envolvidos com a vida de Lyle de um modo geral.

As crianças que têm irmãos nem sempre se preocupam se os seus pais estão ou não por perto; elas gostam da atenção dos pais, mas os irmãos oferecem uma distração em situações que poderiam ser difíceis. As crianças com irmãos também têm a oportunidade de partilhar imediatamente suas frustrações e ansiedades umas com as outras, o que às vezes pode amenizar a raiva. Os filhos únicos geralmente trocam idéias com os amigos se têm dificuldade em conversar com seus pais. Mas, em momentos sérios, os amigos nem sempre podem estar por perto, o que não deixa opção a um filho único, senão lidar com as coisas da melhor forma que ele puder sozinho, pelo menos pelo pouco tempo que conseguir.

Reagindo exageradamente às exigências de nosso filho

Provavelmente, a maneira mais dolorosa de receber a culpa é de nosso próprio filho. Freqüentemente, os pais que se sentem culpados em ter apenas um filho ou que estão insatisfeitos com o tamanho de sua família passam esse descontentamento para seu filho. As crianças captam o desapontamento de seus pais e também se sentem desapontadas. Mas é bom lembrar que as crianças querem ser como seus amigos, e se os amigos de seu filho único começam a ter irmãos, eles podem começar a pedir um também. No longo prazo, entretanto, isso não significa necessariamente que eles querem realmente outro irmão para viver na casa deles para sempre. O que eles querem, na verdade, é ser como as outras crianças que eles conhecem.

Quando minha filha tinha quatro anos, de repente começou a pedir um irmão. Eu fiquei arrasada. Tenho certeza de que ela ouviu alguma conversa entre meu marido e eu sobre outro filho. Não importa o cuidado com que tentamos guardar nossa decepção para nós mesmos, isso provavelmente vazou pelas conversas ao telefone que ela ouviu, com amigos, parentes e mesmo médicos. Estou convencida de que as crianças têm ouvidos pelo menos tão bons quanto os dos morcegos. Por isso, aprendi que se eu quisesse ter uma discussão em particular sobre importantes questões familiares, tinha de ser atrás de portas fechadas ou em outro país.

Quando a melhor amiga de minha filha ganhou uma irmãzinha, aquilo foi definitivo. Ela tinha a idéia de um irmão na cabeça e não esqueceria disso. Eu estava emocionalmente desequilibrada e me sentia tão culpada que por algum tempo passei a compensá-la sem limites. Então, eu cuidava para que ela tivesse companhia para brincar todas as tardes, depois da pré-escola. Matriculei-a no balé e pensei em alugar um piano para que ela começasse a ter aulas. Mozart compunha aos quatro anos, e minha filha certamente era brilhante; talvez ela pudesse ser um Mozart em potencial. O piano iria absorvê-la e afastaria a solidão. Os professores de piano disseram-me que ela era nova demais para iniciar aulas, então abandonei esse plano. Mas durante aquele período, parecia que eu sempre tramava um novo conjunto de esquemas para manter minha filha envolvida com amigos ou em aulas. Ela tinha quatro, cinco anos, mas eu não me contentava em deixá-la ter aquela idade e se divertir. Minha culpa não me permitia aquela liberdade.

Se minha filha tivesse idade suficiente, provavelmente eu a teria ajudado a começar uma carreira em Direito ou Medicina. Se a criança não estava sempre ocupada, eu tinha certeza de que faria dela um fracasso. Meus *mea culpa* não tinham limites, e eu passei a ser especialista em bater em meu próprio peito. Acho que sofri de uma loucura temporária, que felizmente passou quando minha filha fez seis anos e deixou de querer um irmão. Ela tinha passado dois anos vendo sua melhor amiga com sua irmãzinha e decidiu que a vida de irmãos não era para ela. Era invasiva demais, e ela gostava da família dela do jeito que era. Foi quando eu comecei a relaxar.

Não acho que causei muito estrago naqueles anos, basicamente porque meu marido, que Deus o abençoe, foi capaz de me fazer ver a realidade quando eu fiquei realmente louca. Mal sabia eu que aqueles sentimentos não eram apenas meus e que havia pais de filhos únicos pelo mundo todo que se sentiam exatamente como eu e também chegaram a extrema depressão temporariamente.

Hannah Stone é uma mãe que me toca profundamente. A maior preocupação dela em ter um filho único é o desejo que seu filho Leo tem por um irmão. Ele quer alguém para brincar mesmo quando eles estão se divertindo em família em um parque de diversões. Hannah não pode ter mais filhos, então, quando Leo começa a pedir-lhe um irmão, isso a angustia. Ela não sabe como lidar com as intensas emoções que sente, e começa a reexaminar suas opções, que são poucas. Sempre que Leo fala em ter um irmão ou irmã, Hannah entra *online* e começa a ver as possibilidades de adoção. Ela e seu marido não têm meios de arcar com os custos, mas Hannah pensa em hipotecar a casa para conseguir um empréstimo, ou, ainda pior, pedir um empréstimo a seus pais.

Hannah supercompensa o filho, mas parece não se conter. Quando Leo diz que quer ter um irmão, Hannah imediatamente pega o telefone para conseguir alguém para brincar com ele. Às vezes, eles exageram nas compras em uma loja de brinquedos ou o pai combina uma pescaria especial.

Uma vez, quando um colega telefonou avisando que não poderia ir brincar, Hannah procurou ansiosamente na lista da escola, para arranjar outra criança. Mas nada deu certo e lá estava Leo, olhando para ela tristemente, querendo saber por que ele tinha de brincar sozinho. Naquele momento, Hannah "teve um estalo" e percebeu quanta energia emocional ela estava desperdiçando tentando ocupar Leo. Ela disse ao filho que ele teria de brincar sozinho. Ele chorou um pouco, mas Hannah não foi acalmá-lo, coisa que fazia para que ela mesma se sentisse melhor. Quando Leo se cansou daquelas encenações, ele acabou se dando muito bem sozinho.

Hannah percebeu que o maior problema de Leo não era a falta de um irmão, mas os pais que estavam sempre tentando compensar aquela falta, porque por dentro eles estavam muito machucados. A culpa irrealista causada pelas circunstâncias além de nosso controle ou por opções que fizemos e que funcionam para nossa família desgasta-nos e diminui-nos. Não importa o quanto possamos nos culpar, não importa o que os outros digam, não importa o que nosso filho diga, em algum momento os pais têm de olhar para seu filho único e dar-lhe um simples e enorme "obrigado por existir". Os pais deveriam aprender a reagir à culpa e entender que juntamente com a culpa, que desaparece, alguns intrometidos podem estar com inveja de famílias de filhos únicos. Os pais com um filho têm mais tempo para dar a seu filho, têm mais recursos e, freqüentemente, têm um relacionamento mais próximo com seu filho que os pais com mais de um, que têm de se dividir muito.

O que os pais podem fazer sobre a culpa e a supercompensação

Rochelle e Marshall têm empregos que adoram e amam sua filha única. Mas, há alguns anos, eles começaram a compensá-la demais por ficarem tão ausentes de casa. Agora, eles têm um problema com Desiree, de cinco anos. Rochelle tem o que ela chama de "culpa da mãe que trabalha". Como não está com Desiree durante o dia, ela e Marshall dedicam toda a sua atenção à filha à noite e nos fins de semana. Eles brincam tanto com ela que Marshall adquiriu um conhecimento enciclopédico do guarda-roupa da Barbie, e Rochelle é capaz de visualizar o tabuleiro de Candyland de olhos fechados.

Mas, depois de entreter sua filha e agir como substitutos de irmãos durante anos, eles estão procurando uma saída. "Ela é uma criança ativa", diz Rochelle, "e não desliga, quando estamos em casa. Chegamos a ponto de nos sentirmos sufocados pelas demandas de tornar os fins de semana e as noites dela divertidos. Embora Desiree tenha muitos amigos e muitos colegas para brincar, parece que nada é o bastante para ela."

"Ela tem amigos para brincar com freqüência, e também tem atividades programadas duas noites por semana", acrescenta Rochelle, "mas, minutos depois que suas amigas vão embora de casa, ela começa a perguntar: 'O que vamos fazer agora, mãe?' Desiree também freqüenta a pré-escola em período integral."

Esgotados com a situação, Rochelle e Marshall querem mudar a dinâmica em casa, mas sabem que não vai ser fácil. Eles precisarão começar devagar. A primeira coisa que eles têm de fazer é trancar sua culpa e jogar a chave fora.

Para começar a mudança, eles deveriam reservar alguns minutos por dia para Desiree brincar sozinha. No primeiro dia, eles podem acertar o despertador para tocar depois de cinco minutos, e então eles podem acrescentar cinco minutos a cada dia até Desiree brincar sozinha durante meia hora. Isto é suficiente para uma criança de cinco anos. Aos poucos, Desiree aprenderá a se ocupar sem chamar a mamãe ou o papai. Se ela tenta atraí-los para a brincadeira, eles ficam firmes e recusam. A partir do momento em que Rochelle e Marshall entenderem que os filhos únicos podem ficar sozinhos sem se sentirem solitários, Desiree será uma criança mais segura, e a vida familiar será mais gratificante.

Se podem ter mais liberdade para resolver as coisas sozinhos, os filhos únicos sentem-se realizados ao se divertirem sozinhos e refinam essa capacidade à medida que crescem. É a partir de seu tempo sozinhos que eles descobrem quem são e aprendem a desenvolver sua capacidade criativa. Quando crescem, sua capacidade de se concentrar os torna estudantes e funcionários melhores. Tendo aprendido como estar sós quando crianças, não temem isso quando adultos. Eles gostam de sua própria companhia, conhecem-se bem e têm clareza sobre o que querem da vida.

Como os pais podem evitar a compensação excessiva

Aqui estão algumas dicas para ajudá-lo a evitar a compensação excessiva:

- Não compare sua família com as famílias dos outros. Toda família é diferente.
- Não se culpe por circunstâncias que você não pode mudar.
- Confie em si mesmo. Se você tomou a decisão de ter um filho porque isso lhe parecia bom, então está certo.
- Lembre-se: ter um irmão não garante uma companhia constante para seu filho. Quando os irmãos crescem, eles podem distanciar-se e, inclusive, não gostar uns dos outros.
- Quando a família ou os amigos fazem comentários negativos sobre filhos únicos, você deveria dizer: "Nossa família é perfeita do jeito que é". Dê-lhes informações sobre filhos únicos; passe o que você sabe para eles.

Faça o seu Teste

Você é um pai que supercompensa seu filho?

- Você se pega fazendo uma programação intensa para manter seu filho ocupado o tempo todo?
- Você é obcecado em conseguir coleguinhas para brincar com seu filho?
- Seu filho tornou-se incapaz de brincar sozinho porque você nunca o deixa ficar só? Você tenta agir como o irmão de seu filho?

- Você vive na loja de brinquedos, esperando o próximo videogame chegar para que possa levá-lo para casa, para seu "filho único solitário"?
- Você tenta livrar seu filho de todo sofrimento porque acha que o fez sofrer o suficiente por não lhe dar um irmão?
- Você se pega reagindo exageradamente quando seu filho faz alguma coisa que você não gosta? Sua reação impulsiva vem de sua culpa por não estar lá para seu filho único?

Se você respondeu sim a qualquer uma dessas perguntas, pode ser um pai que compensa demais por causa da culpa. Quando não estamos preocupados com o que achamos que nossas famílias sentem falta, criamos crianças confiantes que tomam o controle de suas vidas e são compreensivas com os outros. É nossa responsabilidade, como pais, fazer nosso filho único sentir-se bem, mas isso não pode acontecer se não nos sentirmos bem com o que somos. A culpa destrói nossa capacidade de nos importarmos com nós mesmos, e a compensação exagerada desanima-nos e impede-nos de sermos as esplêndidas famílias de filhos únicos que somos.

Da próxima vez que alguém nos perguntar por que não temos outro filho ou sugerir que seu filho único será um ser humano infeliz e autocentrado ao crescer, tente dizer o seguinte: "Nosso filho é tudo o que esperávamos ter" ou "Nossa família é do tamanho certo". Não se intimide. Não se sinta culpado. Defenda a família que você ama.

Um número muito grande de pais de filhos únicos deseja imensamente o que não têm. Acreditando que lhes falta algo, eles deixam a culpa tirar o melhor deles e tornam-se tão preocupados em justificar por que têm um único filho que lutam para fazer dele um exemplo de excelência. Aqueles pais que insistem em criar a "melhor" criança do mundo cometem o erro que é assunto do próximo capítulo: esperar a perfeição.

Capítulo Cinco

Buscando a Perfeição

Tenho dezessete anos, sou filho único e estou no último ano do colegial. Meus pais sempre tiveram altas expectativas sobre mim em tudo, e eu gosto de agradá-los. Mas não importa o que eu faça, nunca parece o suficiente. Estudei muito para meus SATs e tive uma pontuação combinada de 1.420, o que eu acho que está muito bom. Mas meus pais ficaram desapontados porque não acham que essa pontuação é alta o suficiente para eu entrar na escola Ivy League. Espero que eles me dêem crédito pela minha dedicação nos estudos e por eu ter dado o melhor de mim.

Os adultos maduros entendem que não há pessoas nem vidas perfeitas exceto em nossas fantasias ou nos filmes. No entanto, os pais de filhos únicos podem buscar a perfeição de seu filho, se não o tempo todo, pelo menos parte do tempo. Ter um filho único pode levar a expectativas irrealistas que os pais com mais de um filho não têm porque todas as suas esperanças e aspirações não envolvem um único "pacote", um único ente querido.

Um filho único é o orgulho e a alegria dos pais, seu legado e ligação com a imortalidade. Dada essa posição superior em que eles colocaram o filho, os pais não querem cometer erros, e pode ser difícil para eles pensar em seus filhos como qualquer coisa menos que excepcional. Quando há mais de um filho, os pais não esperam que cada criança faça tudo bem, e a experiência ensina-lhes que cada filho terá diferentes capacidades e personalidades. Se um filho é sonhador e não se lembra onde deixou os sapatos, outro pode ser um organizador e elaborador consumado de listas. Um filho pode ser fascinado por astronomia enquanto o outro tem uma paixão intensa pelo cinema clássico. Os pais de um filho único, entretanto, podem tentar criar um filho para ter tantas boas qualidades quantas poderiam ser encontradas em três crianças. Um filho único adulto explica isso assim: "Parece que você tem o direito de se orgulhar em dobro quando tem dois filhos, mas uma só fonte de talento com um filho único. É como ter uma desvantagem em golfe."

Nossa sociedade coloca um prêmio enorme em ser um dez perfeito. Poderia não ser tão mal se pudéssemos ignorar os "dez", mas eles são inevitáveis. Eles assaltam-nos impiedosamente em revistas, televisão, painéis eletrônicos e ônibus. Seus rostos e histórias de sucesso estão quase em toda parte, e antes de percebermos isso, eles são uma presença em nossas vidas. O dez perfeito tem tudo: dinheiro, fama, beleza, talento e, é claro, a imagem de uma família perfeita. Isso é suficiente para fazer com que os pais de filhos únicos pensem que se eles pressionarem seu filho nos lugares e nos momentos certos, aberta ou secretamente, seu filho amado irá dirigir uma empresa citada entre as 500 melhores pela revista Fortune de dia, e será cardiologista pediátrico à noite. Os pais de um filho único dão toda a sua afeição, atenção e recursos para seu filho. Por isso, para eles, tudo deveria ser possível. Com tanta coisa, eles podem esperar um retorno grande demais sobre seu investimento, o que, em última instância, pode desapontar tanto os pais quanto o filho.

Os pais perfeccionistas não apenas *esperam* que seu filho recompense seus esforços. De modos sutis ou não, eles *insistem*. A fim de ajudar seu filho a ter sucesso na escola, nos esportes ou com os amigos, os pais de filho único podem exercer, sem querer, mais pressão do que seu filho pode lidar.

No entanto, a pressão também pode ter seu lado positivo. As crianças podem usar um "empurrãozinho" encorajador na direção certa, e isso as ajuda a encontrar seu caminho, se elas entenderem claramente as expectativas de seus pais. Os pais e seus filhos únicos têm muito a ganhar por honrarem e se importarem uns com os outros, por isso, os filhos únicos geralmente prestam atenção aos objetivos que seus pais têm com relação a eles. Isso é aceitável, a não ser, e até que, um filho comece a sentir-se tão pressionado para ajustar-se à vontade dos pais que ele perde a individualidade no processo.

Como os pais de um filho único podem usar a pressão

A pressão pode ser aplicada com um ligeiro toque ou com uma mão pesada. Pode vir diretamente do que dizemos ou do modo como dizemos ou de um comentário indireto. Pode também vir quando se está fisicamente muito presente no mundo de uma criança, e ela é vigiada de perto. Tudo num filho único tem um brilho e um significado que nunca será duplicado. Nada que um segundo filho faz é totalmente absorvente quanto o primeiro.

Há pais de filhos únicos que observam seus filhos pequenos com tanto cuidado quanto Jane Goodall observava os chimpanzés. Tudo o que esses pais precisam é de um livro de anotações e uma equipe de câmeras. Eles ingerem tudo o que seu filho faz porque estão totalmente apaixonados por ele e fascinados com o seu comportamento.

A mãe de uma filha única lembra-se de como ela costumava passar o tempo com sua filha pequena. "Eu tive sorte de estar trabalhando em casa quando Romy era pequena. Entrava freqüentemente no quarto dela quando ela estava brincando e ficava horas olhando-a brincar. Isso foi quando ela tinha três ou quatro anos, e eu ficava encantada com as dramatizações que ela inventava com as bonecas. Às vezes, eu entrava e saía de mansinho sem que ela percebesse que eu tinha estado lá. Pelo menos, ela não demonstrava perceber, porque nunca deixava escapar nada. Eu fiz isso quase todo dia, durante vários anos."

Isso parecia aconchegante, mas tinha uma desvantagem. Romy, agora com quatorze anos, diz que cresceu sentindo-se querida, mas também sentia que estava sendo sempre observada. Ela se sentia segura de saber que era o centro do mundo de seus pais, mas também acredita que isso a tornou mais cautelosa em tomar decisões e mais ansiosas para ganhar a aprovação dos pais. Embora Romy seja próxima de seus pais, ela teme que os desapontará agora que é adolescente, porque pode querer experimentar coisas que os deixarão ansiosos ou aborrecidos.

"Meus pais sempre esperaram que eu fosse uma criança 'boa', mas às vezes eu só queria um tempo. Eles esperam que eu seja perfeita. Você sabe, ser uma excelente aluna, fazer minhas tarefas, escolher os amigos certos. É muita pressão. Se eu tivesse um irmão ou uma irmã, não acho que eles me notariam tanto."

Sendo colocado no foco de atenção

Crianças como Romy acham extremamente frustrante serem as receptoras de atenção incansável. Embora essa atenção demonstre que elas são valorizadas, também pode torná-las inseguras e hesitantes.

Os filhos únicos são como crianças no palco. Quando o foco de atenção está neles, coisas mágicas podem acontecer, mas se erram, cada erro se sobressai. É difícil para os filhos únicos cujos pais os observam de perto desde o nascimento não sentir que todo movimento está sendo ponderado e julgado. Plenamente ciente das forças e fraquezas de seu filho, porque eles estão prestando muita atenção, os pais de um filho único podem estar prontos para oferecer tanto um conselho construtivo quanto uma crítica destrutiva quando o comportamento e as atitudes que eles acham que exigem ajuste ou que não se enquadram com seus valores e expectativas estão sob o foco de atenção.

Pais de filhos únicos têm a oportunidade de ser críticos em qualquer situação e analisá-la demais com seu filho. Tudo o que a criança faz está na frente e no centro. Por exemplo, Grainie Corcoran vem de uma grande família de cinco filhos, mas é mãe de um. Ela freqüentemente se vê comparando sua vida com a de seu filho. Na casa dela, Grainie era quase sempre a última filha que seus pais notavam. Ela ficava incomodada quando não conseguia ter a atenção deles, mas havia, sem dúvida, momentos em que ela ficava contente por eles terem tantas outras crianças com que se preocupar. Se Grainie estava praticando piano e tocava mal, havia tanto barulho na casa que ninguém conseguia ouvi-la assassinando Mozart. Aquilo dava a Grainie a oportunidade de tocar novas peças sem se preocu-

par com as críticas de seus pais a seus erros. Dava-lhe uma liberdade que hoje ela acha difícil de dar ao próprio filho.

Grainie e seu marido não parecem desviar sua atenção de seu filho único de dez anos. "Ian queria aprender piano no ano passado. Quando ele pratica e toca notas erradas, ele não consegue continuar como eu fazia porque ouvimos tudo. Quando ele erra repetidamente, não consigo deixar de corrigi-lo e dizer-lhe que ele nunca vai progredir se não tomar mais cuidado. Uma parte de mim está tentando ser útil e incentivá-lo, mas a outra espera muito dele. Não me basta se Ian está contente em ser medíocre, porque ele é melhor que isso."

Outros filhos únicos podem sentir-se como espécimes em um laboratório. Paige é uma filha única de quinze anos cujos pais têm prazer em apontar suas boas qualidades na frente dos amigos e da família, o que a deixa constrangida. "Faço parte do time de futebol e acho que jogo bem, mas se faço um gol ou qualquer coisa fora do comum, meus pais fazem um alarde. Eles fazem a mesma coisa quando tiro A em um trabalho. Eu queria me afastar deles, porque quando dizem a todos como eu sou o máximo, primeiro isso me agrada, mas depois eu começo a achar que preciso ser desse jeito o tempo todo. E se não conseguir ser?" Paige se preocupa se seu único gol no futebol pode ser suficiente da próxima vez e se ela sempre terá que tirar A para que seus pais tenham orgulho dela.

Enquanto os pais de Paige a intimidam com o excesso de elogios, os pais de Simon, de dezesseis anos, agem como se não tivessem nada melhor para fazer do que analisá-lo. "Quando chego em casa da escola, eles me perguntam como foi meu dia. Às vezes, digo-lhes que foi bom quando realmente foi improdutivo. Mas é como se eles pudessem adivinhar o que eu estou pensando, e me apertam até que eu diga o que está me incomodando. Não tenho privacidade. Se estou realmente de bom humor, eles querem saber porquê, mas às vezes não há razão. Eles não gostam quando eu não lhes dou algo para refletir". Paige e Simon sentem, ambos, que não há lugar para se esconder. Seus pais estão por toda parte, com seus óculos com lentes de aumento, olhando e espiando.

Quando os pais e o filho são tão intuitivos uns sobre os outros, isso pode ser tão confortável quanto se afundar em sua cadeira preferida ou tão perturbador quanto pisar num cactus. "Toda vez que meus pais olhavam para mim, achava que eles sabiam todos os meus segredos. Se eu piscava diferente, eles notavam e perguntavam o que estava acontecendo." O que estava acontecendo?

"Nada", diz Trina, uma filha única de dezenove anos. "Às vezes, sinto-me como se minha vida fosse deles". No entanto, Trina também gostava da atenção dos pais. "Dancei e toquei na orquestra quando estava no colégio, e eles nunca perdiam uma apresentação. Eu tinha pena das crianças cujos pais não apareciam e não as conheciam bem, como os meus pais me conhecem. Quando eu me sentia assim, conversava com meus pais praticamente sobre tudo, e isso era ótimo. Mas eu não queria fazer isso o tempo todo e me sentia perseguida quando eles tentavam tirar coisas de mim. Era duro encontrar um meio-termo".

Vivendo sonhos alheios

Uma das coisas mais fascinantes em ter um filho é nos vermos nele, para melhor ou para pior. Mesmo que nosso filho seja adotado e não divida nossos genes, uma boa parte de quem ele é vem do que ele aprende conosco. Há uma linha tênue entre a natureza e a educação. Logo, se você deu à luz seu filho único ou o adotou, é inevitável que você espere que ele seja como você em alguns sentidos e não seja como você em outros.

Os pais de filhos únicos podem esperar demais, porque seu filho significa muito. Eles estão lá para garantir que seu filho esteja comandando o jogo ou não esteja repetindo os seus erros. Eles só têm um, então, se esse filho não se der bem, não haverá outras chances. O sucesso ou fracasso como pais está intimamente ligado ao sucesso ou fracasso de um filho. Pode ser como olhar num espelho e ver alguma coisa agradável ou algo que requer cirurgia plástica.

Roberto é um executivo de nível médio numa companhia de seguro. Ele tem um filho único de quinze anos e deseja que ele seja mais assertivo. "Meu filho, Jose, disputou eleições para presidente do conselho estudantil no ano passado e perdeu", diz Roberto, desolado. "Ele não foi agressivo o suficiente, e me aborrece ver isso, porque estar disposto demais a ceder sempre me deteve. Se Jose tivesse feito sua campanha com mais coragem, ele poderia ter vencido. Fico preocupado que ele não tenha determinação suficiente. Não quero que ele seja como eu."

Embora Jose tenha superado a perda da eleição rapidamente, Roberto não superou. Ele insistia que Jose fizesse Tae Kwon Do para ser mais confiante e mais competitivo. Jose fez as aulas, mas não entende por que seu pai está tão chateado. "Eu não liguei tanto por ter perdido a eleição. Meu amigo ganhou, e eu sabia que ele faria um bom trabalho, então, para mim, foi bom. Eu me diverti. Papai ficou chateado porque queria que eu ganhasse por ele. Mas não ligo para as mesmas coisas que ele. Papai faz um estardalhaço com coisas que não são importantes para mim."

Então vem a Rosie, uma filha única de vinte e seis anos que acaba de se formar em Assistência Social. O pai dela sempre quis que ela fizesse MBA, porque ele nunca o fez e aprendeu tudo por tentativa e erro. O sonho dele era que Rosie fosse uma empresária realizada.

"Eu queria realizar o sonho dele porque sou a única filha que ele tem, mas não consegui. Minha paixão é ajudar as pessoas. Meu pai tem orgulho de mim, mas também está um pouco desapontado. Meus pais queriam que eu fosse tudo, mas agora eles estão descobrindo que eu só posso fazer isso."

Muitos pais têm sonhos vicários para seus filhos, mas os pais de filhos únicos podem ter visões épicas, o que freqüentemente torna impossível para o filho atingi-los. Se Baron mostra interesse por ciências, ele poderia receber bolsa para o MIT e descobrir uma nova galáxia. Se Keisha tem talento para línguas, ela pode tornar-se fluente em quatro, ser membro de corpos diplomáticos e levar a paz duradoura para o Oriente Médio. Quando os pais de um filho único tentam impor seus sonhos ao filho, a vida pode tornar-se conflituosa, e ninguém sai ganhando.

Lani, no segundo ano da faculdade, é um bom exemplo do que pode ajudar quando os sonhos de um filho único e o de seus pais entram em conflito.

"Minha mãe sempre quis ser atriz, mas não teve coragem para isso. Quando eu comecei a representar na escola, e parecia que eu tinha certo talento, ela ficou maluca. Acho que eu tinha quatorze anos quando ela me levou para fazer fotos com um fotógrafo profissional. Então, ela mandou minhas fotos para um agente que me encaminhou. Acontece que minha mãe tinha mais ambições comigo do que eu mesma. Ela me empurrou para fazer o teste de representação. Quando eu me candidatei para a faculdade, ela quis que eu fosse para Juilliard, mas eu queria estudar Jornalismo e Redação, então fui para Bennington. Até hoje, minha mãe fala de como eu poderia ter sido uma atriz talentosa e de como eu desperdicei meu talento. Talvez eu devesse ter seguido a carreira que ela não seguiu. Quando olho para ela, sinto como se tivesse fracassado, então não deixo que ela se aproxime demais."

O relacionamento pais-filho pode ser tão ligado que é um esforço para os pais separarem seu sonho pessoal dos sonhos de seus filhos. Mas os pais que são incapazes de fazer essa separação correm o perigo de provocar tensão ou mesmo de quebrar o vínculo notável que têm com seu filho. O filho único que se sente como a mula para as ambições de seus pais pode, em última instância, ter muitas realizações na vida, mas eles nunca se sentirão como se fossem estas suas realizações pessoais. Ele sempre vai trabalhar por seus pais em vez de ser seu próprio chefe.

Competindo com outros pais

A competição é o nome do jogo em quase toda faceta de nossas vidas. Competimos por tudo, desde empregos até vagas no estacionamento. Para alguns de nós, a competição é mais agradável que uma refeição de gourmet, enquanto outros competem somente porque não têm opção. Não há lei, entretanto. Isso significa que não podemos sobreviver sem competir por meio de nosso filho.

Georgia, a mãe de uma filha única de seis anos, confessa relutantemente ter sido competitiva quando os outros pais "a desafiavam" com comentários como: "Meus filhos sempre são os que se adaptam mais facilmente na pré-escola. Eu nunca tive de ficar mais que duas semanas com cada um deles até que eles se sentissem bem quando eu ia embora".

"Se os amigos dissessem aquelas coisas, eu tinha de agir em defesa de minha filha única e provar que um podia ser tão bom quando dois. Então, minha resposta era, 'Minha filha adora a escola. Eu fiquei sentada fora da sala alguns dias, mas ela nunca me chamou. Ela é muito amadurecida e independente'. Eu estava mentindo", Georgia acrescenta, "distorcendo um pouco a verdade, mas não devia ter-me envolvido tanto com aquilo."

Alguns pais de filhos únicos pensam que para competir adequadamente com pais que têm mais de um filho, seu filho precisa ter um melhor desempenho em tudo. Não basta ele espalhar tinta ou brincar com uma câmera, é preciso ter seriedade de propósito, e muito. Isso acontece com Serena, de dez anos, que faz aulas após a escola em um centro de artes renomado e expõe seu trabalho. Claudio, que tem quatorze anos, gosta de cozinhar, então seus pais o matricularam em uma aula de culinária para crianças que querem ser *chefs*. Um restaurante local já deu nomes a alguns pratos que ele inventou. Os pais de crianças como Serena e Claudio sentem-se preparados para competir com pais de mais de um filho porque seu filho se destaca claramente em uma área específica.

Na cidade de Nova York, onde pelo menos 30% das crianças são filhos únicos, a competição entre pais sobre o filho de quem é mais adiantado e "perfeito" começa cedo. Wendy Wasserstein, vencedora do prêmio Pulitzer (*Uncommon women and others*, 1977, e *The Heidi chronicles*, 1988), é mãe de um filho único. Ela se viu afogada no que se chama de Olimpíada da Mamãe. Entre os pais que ela conhecia, as festas de aniversário e ir brincar com outras crianças eram ocasiões para os pais urbanos detalharem realizações consideráveis de seus filhos pequenos e de filhos com três e quatro anos. As mães e os pais nesses eventos falavam prazerosamente sobre como seu filho preferia Mozart a Mr. Rogers porque eles tinham tocado fitas de *Baby Genius: Mozart* quando seu filho era bebê. Quando chegava à hora de matriculá-los em pré-escolas, a Olimpíada da Mamãe e (às vezes) do Papai pegava fogo, e a competição não era mais sobre que filho dormiu à noite toda primeiro e quem já tinha tirado a fralda aos dois anos, mas sobre que filho tinha sido aceito na pré-escola de maior prestígio.

Embora Wendy Wasserstein tivesse perspectiva suficiente para ficar afastada desses jogos e observar, muitos pais de filhos únicos podem não ser tão objetivos, irônicos ou autocríticos, então, é realmente difícil evitar essas competições. E para a maioria de nós, o King Kong de todas as competições começa quando nós e nossos filhos começamos a nos preparar para o vestibular.

Se não fomos competitivos com outros pais antes, logo isto se torna uma força quase inevitável. Antes de percebermos, vamos a eventos da escola, trocamos informações sobre vestibulares, realizações extracurriculares, proezas atléticas ou musicais, recomendações de professor, internatos e o trabalho final da faculdade. Queremos saber onde nosso filho se situa em comparação a todos os demais para termos uma noção do que ele está enfrentando e do que podemos fazer para torná-lo mais competitivo.

"Rebecca fez 1.500 pontos nos SATs. Ela foi muito melhor que sua irmã mais velha, que entrou em Penn, então ela deve ir para Yale". O pai ou a mãe de um filho único pode ouvir isso e engolir seco. "Nossa, eles provavelmente terão dois filhos em escolas Ivy League. Espero que o meu também vá bem."

A tentação de comparar um filho único com os filhos de outros pais pode ser incontrolável. Os pais com mais de um filho têm uma lista maior de coisas que os deixam orgulhosos, e o pai competitivo de um filho único pode não ser capaz de suportar o pensamento de que seu filho talvez não tenha tantos talentos e realizações quanto dois filhos juntos teriam. Então, quando Jack começa a se gabar que as faculdades já estão convocando sua filha, que joga futebol de salão, e que seu filho entrou em Harvard, o pai de um filho único pode exibir as habilidades de sua filha como capitã do time de basquetebol e editora do jornal da escola. Se este papo ficasse entre os pais, isso poderia não ser tão ruim, mas as crianças sempre descobrem o que dizemos sobre elas. A rivalidade entre pais aumenta a tremenda tensão que a maioria das crianças já sente quando começam a pensar seriamente na faculdade.

Johnna Siegel, filha única, está jogando *softball* há três anos e é uma arremessadora talentosa. Ela começou a jogar por adorar o jogo, mas agora que está na décima série, seus pais estão insistindo para que ela pense em usar suas habilidades para atrair o interesse de times universitários. Eles contrataram um treinador particular e, se ela não tiver nenhuma lesão séria, eles acham que ela poderá conseguir uma bolsa integral numa escola de prestígio.

"Quero que minha filha seja alguém", diz a mãe de Johnna. "Eu nunca terminei a faculdade e sempre me arrependi disso. Não podemos pagar pela educação dela como a maioria dos pais de seus amigos, então ela precisa encontrar uma maneira de fazer faculdade jogando bola". Não bastaria para os pais de Johnna se ela fizesse uma faculdade local de dois anos e depois se transferisse para uma universidade estadual. "Eu não agüentaria que ela fosse para a graduação e ouvir conversas dos outros pais sobre as faculdades excelentes que seus filhos estão planejando freqüentar", acrescenta a mãe de Johnna. "Temos apenas uma filha especial, e queremos que ela explore seu potencial." Mas eles precisam ser cuidadosos, porque Johnna pode não suportar a pressão ou decidir desistir de jogar porque já não acha isso divertido. Se eles incentivassem Johnna a adorar o jogo e a deixassem optar por como usar seus talentos, seria mais provável que ela cumprisse essa promessa.

Sendo excessivamente crítico

Pais perfeccionistas são, freqüentemente, pais críticos. Uma coisa acompanha a outra. Se você espera que tudo "seja assim", terá de fazer daquele jeito. Para fazer aquilo, pedirá a seu filho único para fazer as coisas do seu modo "agora". Os pais podem expressar sua desaprovação verbalmente ou por meio de comunicação não-verbal, o que inclui linguagem corporal e expressões faciais. Alguns filhos únicos são tão bons em saber o que seus pais querem que podem perceber o que eles estão pensando sem ouvir uma só palavra nem ver um movimento dos olhos.

Larry, filho único de vinte e cinco anos, diz que seus pais nunca tiveram de lhe dizer que ficaram decepcionados com alguma coisa que ele fez. "Somos tão ligados que eu conheço todos os maneirismos de meus pais. Parece estranho, mas posso dizer que eles estão irritados quando respiram de certo modo."

Alguns pais vão direto à crítica, e começam quando seu filho é pequeno. Eles podem esperar muito de seu filho único porque acham que ele é muito capaz e bem-dotado, embora ele provavelmente seja uma criança normal que está passando pelas etapas normais de desenvolvimento. Esses pais criticam freqüentemente em um esforço de que seu filho seja uma pessoa "melhor" e motivada.

Os pais que comparam seu filho único com outras crianças de forma aberta ou velada, freqüentemente, estão sendo críticos, mas podem não ver desse jeito. Eles acham que se dão um excelente exemplo para seu filho seguir, isso o estimulará a querer mais.

A mãe de Taylor Bachrach tinha infinitas sugestões sobre como Taylor poderia progredir. Ela também comparava Taylor com outras crianças. Embora sua mãe não quisesse prejudicá-la, isso gerava muita culpa e ressentimento. "Minha mãe costumava pensar que eu podia fazer qualquer coisa. Afinal, sou sua única filha e um gênio aos olhos dela", diz Taylor.

"A frase preferida de minha mãe era 'Você podia fazer aquilo'. Quando minha amiga Shelly decidiu candidatar-se para Medicina, minha mãe ressaltou que eu também podia fazer aquilo, embora só tivesse feito uma matéria de ciências na faculdade e minha matéria principal fosse Literatura Comparada. Bastava eu voltar para a escola dois anos para fazer as disciplinas de ciências, tirar notas fabulosas no MCAT e fazer um internato de verão numa clínica na África. Eu tenho outro amigo que é um banqueiro de investimento e ganha muito dinheiro. Minha mãe me disse que eu podia fazer aquilo também. Eu só teria de fazer... Bem, você pode adivinhar o resto."

A mãe de Taylor nunca se considerou uma pessoa crítica. Em vez disso, ela achava que estava elogiando sua filha ao dizer que ela era capaz de fazer praticamente o que quisesse porque ela era excepcional. Quando Taylor explicou que aqueles tipos de comparações faziam-na sentir-se envergonhada por decidir ser professora, sua mãe ficou chocada com o que ela disse; quisera dar-lhe coragem e fora interpretada como uma pessoa crítica.

Pais críticos fazem observações desnecessárias, e ninguém faz isso tão bem quanto os pais de filhos únicos, porque são focados demais em seu filho. Há sempre alguma coisa que pode ser melhorada.

"Gosto de ler livros *Goosebumps*", diz Logan, de nove anos, "mas quando minha mãe me vê lendo, ela fica brava e chama isso de lixo. Ela quer que eu leia coisa como *Harry Potter*". Então, Logan jogou fora *Goosebumps* e começou a ler *Harry Potter*, o que não é tão divertido para ele.

India, de quatorze anos, cresceu em uma casa onde as rotinas e regras são bem-estabelecidas, e seus pais esperam que as coisas sejam feitas da maneira certa.

"Quando limpo meu quarto, tem de ser feito da forma que minha mãe quer. Se ela entra e vê que eu fiz minha cama, mas tem algumas pilhas de roupas, livros ou papéis espalhados, ela apontará e perguntará o que eles estão fazendo lá. Ela dirá: 'Você quer arrumar essas coisas?' Mas não quero guardá-las. Tenho meu próprio sistema e idéias sobre para onde as coisas deveriam ir. Mas quando eu arrumo do meu jeito, minha mãe acha que eu tenho pequenos animais morando sob minha cama, ela fica lá até que as pilhas desapareçam. Então não consigo achar nada."

Quando os pais estão sempre vigiando e julgando, os filhos únicos podem sentir-se irritados, mas pelo fato de seus pais serem muito importantes para eles, eles ainda tentarão agradá-los antes de agradarem a si mesmos. Para os filhos únicos, isso dificulta relaxar e encontrar seu próprio nível de competência.

Se você tem apenas uma filha, por que ela não faz tudo? Isso inclui ser bonita, querida, educada, inteligente, respeitosa e bem-sucedida em tudo o que ela faz — tudo ao mesmo tempo. Em suma, por que ela não pode ser perfeita?

Por que eles não podem ser como a conselheira de segurança nacional dos Estados Unidos, e filha única, Condoleeza Rice? Ela foi criada por pais que exigiam coisas extraordinárias dela, e conseguiam. Não havia nada que não fosse capaz de realizar. Ela tocava piano e tornou-se concertista. Ela entrou na faculdade quando tinha quinze anos, era refinada e sempre muito bem arrumada. Ela fala várias línguas e começou a lecionar em Stanford quando tinha vinte e sete anos. Ela acreditava que podia fazer qualquer coisa, uma noção encorajada por seus pais e que ela aplicava a toda iniciativa.

Os pais de Condoleeza Rice poderiam não ter exigido tanto de uma pessoa se tivessem tido mais de uma filha. Mas esperavam que Condoleeza realizasse todos os seus sonhos com dignidade e ambição infalível.

Para alguns pais, a busca pela perfeição é mais superficial. Lila, de onze anos, tem um estilo todo próprio, mas isso incomoda seus pais. É uma menina masculinizada, que prefere usar casaco e calças largas e fazer compras em Goodwill. Seus amigos são meninas "femininas", que seguem as últimas tendências dos adolescentes. Em vez de admirar o individualismo de sua filha, os pais de Lila estão sempre a criticando por sua forma de se vestir e a comparando com outras garotas. "Meus pais acham que sou relaxada", comenta Lila, "mas sou feliz dessa forma. Minha mãe e meu pai querem que eu seja outra pessoa. Talvez se eu tivesse uma irmã que se vestisse do jeito que eles acham que eu deveria, eles nem ligassem para mim."

Uma vez que os filhos únicos não têm a companhia de irmãos e irmãs, seus pais temem que seu filho não seja querido pelos outros. Isso pode levá-los a criticar como seu filho passa seu tempo livre.

Owen, de sete anos, começou a ler bem quando tinha seis anos. Uma criança excepcionalmente brilhante, ele ainda gosta de dramatizar com seus caminhões e Legos e tornou-se um ávido leitor. Para Owen, não existe nada melhor do que deitar-se e ler em seu quarto por algumas horas no fim de semana. Embora seus pais fiquem entusiasmados com sua inteligência e apóiem seu interesse em ciências, matemática e leitura, eles querem "o pacote todo". Ele não deveria apenas ser intelectual, mas também deveria ser extremamente social. Eles se preocupam constantemente porque ele não passa tempo suficiente com os amigos, e tendem a arrumar amigos para brincar com Owen, o que ele não necessariamente quer. Embora Owen pareça estar contente, seus pais continuam pressionando-o para ser mais social. Os pais de Owen agem como se o filho deles não fosse "suficiente".

Conseqüências do perfeccionismo

A idéia de que podemos designar nosso filho único para incorporar nossas esperanças para ele, em alguns casos por nós mesmos, tem conseqüências no longo prazo. Alguns dos efeitos de buscar a perfeição podem ser positivos, mas muitos são negativos.

Conseqüências negativas

Encorajar nossos filhos únicos a serem e fazerem tudo cria confusão, porque pode inibir a tomada de decisão, resultando em uma criança que está sobrecarregada de opções.

Se uma criança acha que pode (ou deveria) "fazer tudo", ela pode não entender como fazer os sacrifícios necessários para fazer algumas coisas bem. O filho único que percebe que talvez não seja capaz de perseguir todos os seus sonhos ao mesmo tempo pode ficar frustrado e infeliz. Filhos únicos ambiciosos podem ser muito rigorosos consigo mesmos, principalmente quando esperam fazer determinada coisa tão bem quanto os adultos que reverenciam. Isso pode levar a inseguranças quando a criança percebe que seu desempenho não está à altura de seus ideais.

Sawyer, de vinte e um anos, por exemplo, é filho único e acaba de se formar na faculdade. Ele voltou a morar em casa com seus pais enquanto decide o que fará. Seu maior problema é fazer escolhas, porque ele quer perseguir vários de seus interesses. Quando era criança, estava envolvido em atividades que iam de basquetebol a grupos de teatro local. Ele acha que pode ter sucesso em muitas áreas, porque seus pais incentivaram seus interesses e o fizeram acreditar que poderia fazer tudo. Agora, ele não tem idéia da direção que quer seguir. "Acordo todas as manhãs pensando em como posso ter mais sucesso. Olho as outras pessoas e penso que deveria estar fazendo o que eles estão fazendo. Eu nunca estou satisfeito comigo mesmo e estou convencido de que sempre deveria estar fazendo mais. Estou realmente ansioso, e a indecisão me deixa paralisado."

Os filhos únicos que são perseguidos por demônios que os pressionam a fazer mais e melhor podem ser aqueles que não querem experimentar porque têm medo de não ter sucesso e parecerão fracassados aos olhos dos pais.

"Fiquei realmente entusiasmada em conseguir uma colocação em um curso avançado de Biologia", diz Beatrice, de dezesseis anos. "Mas, então, comecei a pensar em como meus pais se sentiriam se não tirasse um A na aula. Eu sempre tirei A. Por isso, decidi fazer um curso regular de Biologia. Meus pais têm feito tudo por mim, e eu odeio desapontá-los". Beatrice sente-se tão responsável pela alegria de seus pais que coloca a dela em segundo lugar. A não ser que os pais de Beatrice deixem claro que ela precisa satisfazer a si mesma e também aos pais, ela nunca será capaz de conseguir o melhor de sua adolescência.

Tanto os pais quanto o filho deveriam reconhecer que ter obrigações demais uns com os outros pode ser perigoso. Os pais devem garantir a seu filho único que, embora eles queiram que ele se saia bem, nem sempre esperam que ele seja uma estrela. De fato, esperam que ele tome o tipo de decisão que o leve a repensar quem é e o que ele valoriza à medida que vai amadurecendo. O filho único deveria tranqüilizar seus pais dizendo que tentará deixá-los orgulhosos, mas não à custa de sua autodescoberta.

Um filho único que acha que deve muito aos pais pode tentar ser tudo o que eles esperam dele. Ele pode lutar para ser tão querido quanto seu pai ou tão bom aluno quanto sua mãe foi.

"Fui coordenador social de minha fraternidade", comenta Dean. "Pode acreditar, isso me ajudou muito nos negócios mais tarde. Espero que meu filho se destaque tanto quanto eu". De fato, o filho único de Dean, Norm, tende a ser muito mais reservado que seu pai. Mas quando ele estava no segundo ano do colégio, decidiu fazer uma mudança e tornar-se parte do grupo popular porque ele sabia que isso deixaria seu pai satisfeito. Aquele grupo de crianças passava seu tempo livre fazendo festas e usando drogas e álcool. Norm sentia-se mal com esse comportamento, mas participava para ser querido. Sua vida social disparou, e seu pai ficava satisfeito de ouvir o telefone de Dean tocar várias vezes por dia. Por um período, Norm continuou a ir bem na escola e a sair com novos amigos nos fins de semana. Entretanto, as festas acabaram saindo do controle, e suas notas começaram a cair. Quando seus pais descobriram o que estava acontecendo, Dean sentiu-se responsável e percebeu que tinha forçado seu filho a fazer escolhas inadequadas só para agradá-lo.

Os filhos únicos que se preocupam em ser perfeitos podem perder a capacidade de ser solidários com os outros porque estão voltados demais para alcançar seus objetivos.

Foi isso que aconteceu com Deirdre. Os pais dela eram incansáveis, desejando sempre que ela fosse a melhor. Então, tudo o que ela fazia na escola e na faculdade era calculado para o progresso na carreira que ela queria seguir em Direito. Ela se formou na faculdade Phi Beta Kappa e foi admitida em uma das melhores escolas de Direito do país. Ela chegou a seu destino, mas, no processo, negligenciou os amigos e ignorou seu namorado. Quando ela se formou na escola de Direito, os pais queriam dar uma festa, mas Deirdre percebeu que tinha poucos amigos para convidar. Ela tinha desmanchado o namoro porque não tinha tempo para ele, e várias amigas pararam de ligar. Mesmo quando o pai de uma amiga falecia, Deirdre achava difícil oferecer muito apoio porque estava ocupada demais com as exigências de provas e trabalhos. Ela precisava chegar onde queria e tinha de chegar lá "agora", mas não conseguiu se lembrar por que estava lá.

Os pais de filhos únicos que insistem que seu filho persiga uma disciplina que eles acham correta podem ter a resposta desejada. Mas isso pode ser um tiro a sair pela culatra quando o filho se torna adulto e descobre que não escolheu a profissão certa.

Por exemplo, Boris, um cardiologista de quarenta e três anos, é filho único de dois médicos. Desde quando era pequeno, "entendia-se que eu ia entrar para "o negócio da família". Os pais de Boris são imigrantes russos, que trabalharam demais para ter uma vida bem-sucedida nos Estados Unidos. Devido ao fato de Boris ser filho único, havia uma pressão ainda maior para ele se tornar médico.

"Se eu tivesse irmãos, a expectativa não teria sido tão intensa. Certamente, eles poderiam ter esperado que um de nós se tornasse médico, mas seria muito mais fácil seguir meu caminho na vida."

A ciência chegou facilmente para Boris, e seus anos na escola médica passaram-se tranqüilamente. "Eu nunca parei realmente para pensar se era isso que eu realmente queria ser. Nunca me senti livre para explorar qualquer outra opção porque, como filho único, achei-me compelido a gratificar meus pais." Infelizmente, os anos de Boris como médico têm provado ser insatisfatórios. Na meia idade, ele se vê querendo descobrir o que mais ele poderia fazer. Com uma família para sustentar, obviamente este não é o momento ideal para Boris "buscar", mas como ele nunca teve essa oportunidade quando era mais jovem, ele acha que não pode ser feliz até mudar.

A situação de Boris levanta algumas questões comuns enfrentadas por muitos filhos únicos: "Em que sou diferente de meus pais?" e "Se eu não fizer o que eles querem, do jeito que eles querem, eles me amarão?". Um filho único que está enterrado sob as expectativas e acredita que o amor paterno é condicional, pode estar disposto demais a se render aos desejos de seus pais. Como no caso de Boris, isso pode resultar no afastamento de seu próprio eu verdadeiro.

Os filhos únicos que lutam consistentemente pela perfeição podem achar que ninguém pode fazer nada tão bem quanto eles.

Claramente, este pareceria um sinal de força e confiança. Mas as pessoas assim têm dificuldade em delegar responsabilidade e sobrecarregam-se com uma lista de afazeres mais longa do que as estratégias de festa de Martha Stewart.

"Uma coisa simples, como um jantar", diz Cabbane, filha única e advogada, "é o suficiente para me transformar em Stalin. Sem dúvida, eu mandarei alguém trazer uma salada e outra pessoa trazer vinho branco, mas não os deixo trazer a salada que eles queriam fazer ou o vinho que adoram. Tenho tanto receio de que alguém traga alguma coisa horrível que eu lhes digo que vinho devem comprar. Isso deixa meu marido e meus amigos malucos. A maior parte das vezes, quer cada um traga um prato ou seja uma reunião de negócios, eu planejo cada detalhe e controlo todos os envolvidos. É muito difícil para mim dar a meu assistente uma carga de trabalho decente quando sei que poderia fazer tudo sozinha e fazer as coisas exatamente como eu quero. Ironicamente, isso me deixa ressentida por fazer todo o trabalho, embora eu tenha assumido tudo sozinha."

Conseqüências positivas

Acredite ou não, há conseqüências positivas para a busca da perfeição. Normalmente, são em menor número que as conseqüências negativas, mas são poderosas de qualquer forma.

Quando os filhos únicos sabem que seus pais têm altas expectativas em relação a eles, estes podem estar intensamente motivados para a realização. As crianças cujos pais esperam pouco delas têm pouco a dar. Os filhos únicos esperam desempenhar-se bem e geralmente querem recompensar a dedicação de seus pais.

"Se eu não fosse filho único, provavelmente não estaria onde estou hoje", diz Brag Rogers, vinte e sete anos, banqueiro de investimento. "Acho que sou basicamente preguiçoso e teria seguido o caminho fácil na maioria das coisas se meus pais não estivessem lá na hora certa. Eles conferiam se eu tinha feito a lição de casa, se tinha assistido às aulas e se tinha me dedicado às lições. Quando eu me desorganizava, eles me ajudavam a acertar as coisas. Eu não podia fazer as coisas de qualquer jeito. Agora, tenho um sistema que uso para manter-me organizado. Tenho muita autodisciplina e, como dirijo meu próprio negócio, isso é importante."

Um filho que faz bem as coisas será mais confiante em si mesmo.

Os filhos únicos que lutam e atingem seus objetivos entendem o que significa o sucesso. "Meus pais me disseram que eu poderia ter o que eu quisesse se seguisse o caminho certo", diz Chandra Setti, filha única. "A maioria dos pais de meus amigos teria dito, 'Vai sonhando'. Agora, sou eu que estou forçando meus amigos a experimentar coisas maiores e melhores. Eles não têm ninguém na vida para pedir-lhes que dêem o melhor de si como eu tive. Meus amigos reclamam: 'Isto vai ser difícil ou impossível', e eu lhes digo que é possível se eles quiserem muito. Esperavam que eu fosse 'atrás do ouro', então acho que eles também deveriam. Sinto-me bem em assumir riscos porque tive o apoio de meus pais, e éramos muito unidos. Quero estar lá para que meus amigos também sigam este caminho."

Quando os pais não permitem que seus filhos façam coisas pela metade e insistem que ele fique motivado, esse treinamento freqüentemente é um fator importante para o sucesso de um filho único.

Marcus Thomas é filho único cujos pais o fizeram manter sua escolha mesmo quando não parecia que daria certo. Marcus jogava futebol quando tinha sete anos. Foi um desafio para ele. Duas semanas antes da nova temporada, ele implorou a seus pais para deixá-lo sair. Os pais recusaram.

"Pensei que você quisesse ser o goleiro deste ano. Não vamos deixá-lo sair até você fazer isso. Então, no fim da temporada, veremos se você ainda odeia", a mãe dele respondeu com firmeza. Marcus acabou sendo goleiro, e seu time ganhou o campeonato. "Eu estou realmente contente porque minha mãe não me deixou sair", ele diz. Marcus aprendeu que mesmo quando as coisas parecem muito difíceis, ele pode triunfar.

Como os pais podem evitar o perfeccionismo destrutivo

Vimos que o perfeccionismo tem tanto aspectos positivos quanto negativos. Contudo, para manter a perspectiva de modo a não exaurirmos nosso único filho, há algumas coisas que devem ser lembradas:

- Jogue fora suas ferramentas de laboratório. Seu filho não é um espécime.
- Pare de examinar e analisar toda faceta do comportamento dele.
- Coloque uma distância emocional entre você e seu filho. Lembre-se que vocês são pessoas diferentes com necessidades e desejos muito distintos.
- Separe amor de aprovação. Uma coisa não depende da outra. De acordo com Carl Pickhardt, "O amor é incondicional, mas a aprovação pode ser conquistada"[1].
- Trabalhe sabendo quem seu filho é realmente, em oposição a quem você quer que ele seja.
- Apóie as diferenças de seu filho. Não compare seu filho com os outros. Cada pessoa é única.
- Aceite o fato de que seu filho às vezes tomará decisões incorretas e que ele aprenderá com elas. A perfeição é para Deus, e não para os seres humanos.

Faça o seu Teste

Você é um pai perfeccionista?

- Você se pega frustrado porque acha que seu filho não está progredindo como as outras crianças da mesma idade?
- Você critica e corrige o trabalho de seu filho mesmo quando ele ainda está aprendendo a fazer alguma coisa nova?
- Você espera que seu filho faça tudo bem e seja um vencedor o tempo todo?
- Você se pega insistindo para que seu filho faça parte de atividades em que ele tem pouco ou nenhum interesse?
- Seu filho reclama que nada do que ele faz está bom para deixá-lo satisfeito?
- Seu filho é tenso e tem medo de se arriscar porque acha que pode fracassar?

Se você respondeu sim a qualquer uma dessas perguntas, pode ser um pai ou uma mãe perfeccionista. Os pais perfeccionistas de filhos únicos podem ser levados a pensar que seu filho único pode ou deve estar muito acima da média porque ele parece amadurecido demais. Mas essa aparência amadurecida é o resultado de se passar muito tempo em volta de adultos, absorvendo seus maneirismos e costumes. Seu filho ainda é uma criança, não um adulto. O próximo capítulo discute o erro de tratar um filho único como se ele fosse um de nós.

Capítulo Seis

Tratando Seu Filho Como um Adulto

Tenho dezesseis anos e sou o único filho de pais incríveis. Mas ser filho único não é muito divertido porque minha casa está sempre tão quieta e tudo tem que ficar muito arrumado. Sinto inveja de meus amigos e primos que têm irmãos. Sempre está acontecendo alguma coisa nas casas deles: música, jogos de computador, guerras de comida, arremesso de aros. Eu até gosto quando os garotos ficam fazendo gozações uns com os outros. Também é divertido porque quando estou lá não tenho que ser maduro. Em minha casa, meus pais sempre estão falando sobre livros, trabalho, seus amigos adultos, política, mais trabalho — e eles esperam que eu participe. A maior parte das vezes, sinto que não posso ser uma criança de verdade quando estou em casa com meus pais. Socorro!

Pais de filhos únicos podem considerar sua família como Os Três Mosqueteiros: comem, viajam e participam juntos de atividades sociais, mesmo quando os eventos que freqüentam são principalmente para adultos. Com dois adultos e apenas um filho, é inevitável que a maioria mande; o filho perde de dois a um, e o foco está mais em interesses e atividades de adultos. Em famílias com mais de um filho, há uma dinâmica totalmente diferente, na qual as chances são iguais ou podem ser até mais favoráveis aos filhos. Os pais com mais de um filho também têm menos tendência a incluir seus filhos em eventos orientados para adultos, como jantares e coquetéis de exposições de arte. Controlar duas ou três crianças aborrecidas em um coquetel elegante é uma tarefa que só poderíamos desejar para nossos inimigos, mas supervisionar apenas uma não requer o mesmo esforço.

Os pais com filho único podem relutar em contratar uma babá quando querem sair porque é mais fácil levar Elijah, de sete anos, junto. Afinal, ele se comporta bem e sabe qual é o tipo de comportamento aceitável em ambientes de adultos. Mas, embora a forte união seja uma das coisas que torne ter apenas um filho tão agradável, esse fato também pode ser uma fonte de ansiedade para o filho se ele achar que para agradar aos pais deve comportar-se como um adulto. No fundo, Elijah poderia preferir estar com seus amigos, jogando videogame ou chutando bola. Ele pode achar que seus pais só ligam para a vida dele quando ele "faz parte do time", mas não para a vida dele como criança. Isso pode fazê-lo sentir-se isolado e com inveja dos amigos com irmãos, cujas vidas podem parecer mais interessantes e alegres.

Criar um lar que seja centrado na criança quando há apenas um filho requer um pouco de esforço, enquanto com duas ou três os adultos nunca superam o número de crianças. Para uma criança que acha que os adultos estão sempre ditando as regras do jogo, a vida pode começar a parecer uma sucessão de obrigações maçantes. Os pais de filhos únicos, que incluíram muito seu filho na vida adulta, podem esperar que ele tenha sofisticação e experiências mais adequadas ao grupo de amigos dos pais. A criança sente-se compelida a agir como anfitriã num jantar, aprende a falar sobre um aspecto dos negócios de seus pais, ou sente-se obrigada a assumir responsabilidades pelas quais ela ainda não está preparada emocionalmente. Embora certa exposição à cultura e a questões de vida possa ser interessante para um filho único, as crianças pequenas não estão realmente tão interessadas em nossos problemas de negócios, opiniões políticas ou no menu de um novo restaurante avaliado como bom. Pode-se tornar tão prazeroso para os pais de um filho único ter um adulto em miniatura ao seu lado que eles podem perder de vista o fato de que seu filho precisa ser criança. A criança que se torna uma companhia sofisticada atravessa para um mundo em que nunca poderá se encaixar. Seus pais, entretanto, podem achar que ela combina perfeitamente com eles e podem até tentar limitar a interação dela com as outras crianças, procurando mantê-la só para eles.

Os filhos únicos podem, ainda, ser "miniadultos" de outras formas. Eles podem ter voz ativa nas decisões de família, o que lhes dá autoridade para achar que podem fazer o que os adultos fazem, embora não tenham a capacidade de raciocinar e as experiências de vida de um adulto.

Uma criança que tenha esse tipo de poder pode até pensar que faz parte do casamento de seus pais e que pode opinar na resolução de conflitos. Isso pode levá-la a sentir-se responsável quando há um divórcio e, em um caso mais sério, uma doença ou morte. Esse filho pode achar-se completamente sobrecarregado quando enfrenta a tarefa de ajudar a cuidar de um ou de ambos os pais. No caso de um único pai, o filho único pode estar envolvido demais no namoro do pai, ou da mãe, e pode assumir o papel de confidente e até de um parceiro substituto.

No entanto, há um lado positivo nisso. Os filhos únicos que passam tempo substancial com adultos provavelmente são mais tranqüilos quando têm de lidar com professores, entrevistas de emprego e reuniões com outros adultos. Eles sentem, freqüentemente, uma autoconfiança e um conforto no mundo fora de casa que são incomuns para crianças com irmãos. Mas é impossível para um filho único ter essas mesmas competências sem abrir mão de sua infância ou de sua noção de lugar. Cabe aos pais estabelecer limites adequados entre a criança e os adultos. Os pais devem fornecer as condições certas para que seu filho único aproveite plenamente a infância sob a proteção e na companhia de adultos que ele adora e admira.

Como os pais podem impedir a infância

Os filhos únicos nunca devem sentir que precisam saltar da infância para a vida adulta. A infância é um processo para ser saboreado, e não uma corrida até uma linha de chegada. Todo filho único deveria ter o direito a fazer essa jornada em seu próprio ritmo e do seu próprio modo. Os pais que perdem isso de vista privam seu filho da força emocional que ele precisará para tornar-se um adulto seguro.

A interação diária com filhos únicos pode ser intensa para todos. Se estamos tendo um dia complicado ou nos sentimos tristes, é difícil esconder isso de uma criança. Se estamos lutando com uma decisão, como mudar de emprego, mudar de casa ou lidar com um pai doente, podemos discutir essas coisas em particular, mas nossa preocupação pode distrair-nos, e a criança pequena pode perceber isso. Ela pode começar a perguntar por que estamos nos comportando de modo diferente, e poderemos sentir a necessidade de responder a ela. Em busca dessas respostas e desejando manter a comunicação íntima que esperamos com nosso filho, podemos dar-lhe informações demais, com as quais ele não pode lidar, ou podemos pedir-lhe para ajudar em decisões que só um adulto deveria tomar. Os pais precisam fazer uma clara distinção entre suas vidas adultas e a vida de seu filho.

Há momentos em que dividir é importante, momentos em que é necessário ficar calado, e outros em que as informações devem ser transmitidas em pequenas "doses", que possam ser digeridas facilmente. Quando a criança cresce e é capaz de lidar com mais detalhes sobre questões adultas, podemos explicar mais.

Incluindo demais um filho único

Não é raro filhos únicos serem incluídos em discussões paternas sobre questões importantes que podem afetar a família, porque há apenas três pessoas interagindo. As conversas à mesa do jantar podem ser sobre o quanto custará comprar um carro novo, se eles podem ou não fazer uma viagem de férias, ou qual é a melhor forma de lidar com conflitos no trabalho. Muitos pais acham que deveriam dizer a seu filho único quase tudo, porque não querem ser como seus pais, que os deixavam sem saber de nada. Eles não querem que seu filho descubra que eles escondem coisas ou mantêm segredos. O que esses pais se esquecem, entretanto, é que há muitas coisas particulares e perturbadoras sobre a vida, e as crianças simplesmente são novas demais para entendê-las, além de não quererem todas aquelas informações, ou não precisarem delas. De fato, isso as confunde e assusta.

Sem maturidade para entender plenamente como esses conflitos entre adultos podem ser resolvidos e sem ter a noção de que o que não podemos ter hoje talvez sejamos capazes de ter amanhã, o filho único pode tornar-se um preocupado inveterado, achando que precisa encontrar soluções para os problemas dos adultos. Vejamos um caso: Cal, de dez anos, começou a notar que sua mãe, Astrid, estava cada vez mais mal-humorada. Ela começou a implicar com ele por coisas pequenas, e ele começou a perguntar se havia alguma coisa errada. No início, Astrid dizia que não, mas um dia quando eles estavam fazendo compras, Cal perguntou se podia ter um par do último modelo de tênis, o mais legal. Normalmente, Astrid teria dito: "Agora não. Talvez mais pra frente." Mas as finanças da família estavam justas, e Astrid acabara de descobrir que poderia perder o emprego em uma leva de demissões da empresa. Eles não poderiam viver só do salário do marido, e ela estava chateada. Então, dessa vez, ela se abriu e começou a fazer uma série de críticas ao pai de Cal e sua situação financeira. "Sabe Cal, não estamos num momento bom. Posso perder meu emprego amanhã e seu pai não parece se importar em ganhar mais dinheiro. Ele é preguiçoso e não quer se esforçar. Se ele se esforçasse um pouco mais, talvez não estivéssemos nesta situação."

Cal perguntou se eles teriam de mudar, se ainda podiam ir ao cinema e se teria de deixar as aulas de caratê. Um universo todo de preocupações o assaltou. Um filho único como Cal, que divide os problemas com adultos, quer tentar resolvê-los. Ele pode achar que tem essa capacidade porque seus pais solicitam a opinião dele sobre muitos assuntos.

Os pais que revelam demais sobre suas questões de saúde podem estar pedindo a um filho único para crescer rápido demais. Raul, de trinta e cinco anos, é filho único e artista, e sempre se sentiu culpado e responsável por seus pais. "Não sei se fui realmente um garoto", diz ele. "Meus pais me incluíam em tudo, e eu quero dizer *tudo* mesmo. Eu sabia mais sobre o útero de minha mãe do que queria saber. Eles nunca se incomodaram em manter segredos porque eu participava de tudo". Vejamos o que aconteceu:

Quando tinha cerca de sete anos, Raul começou a perguntar a seus pais se ele teria um irmão ou uma irmã. Sua mãe lhe disse que eles tinham tentado, mas ela tinha tido alguns abortos e desistiu de ter mais filhos. Ela também disse a Raul, com uma ponta de amargura, que o pai dele nunca quis realmente ter outro filho, e ela teve de convencê-lo a continuar tentando. Se eles tivessem começado a pensar nisso mais cedo, talvez ela não tivesse abortado tantas vezes.

Embora Raul tivesse aprendido noções básicas de como nascem os bebês, ele não tinha idéia de que os bebês pudessem estar lá em um minuto e desaparecer no outro. Ele ficou chocado e pensou nesse fenômeno por algum tempo. Mas não importa o quanto ele pensasse na perda do bebê, ele não conseguia abandonar a idéia de que de alguma forma ele era culpado pelo problema da mãe. Talvez se ele tivesse sido um filho melhor, o pai iri querer ter outro filho mais cedo. Então ele teria tido um irmão (seu ideal), e todos ficariam felizes.

No momento em que sua mãe lhe contou sobre os abortos, Raul se preocupou e achou que algo terrível poderia acontecer com ela e que sua mãe também poderia desaparecer, como os bebês natimortos. Ao buscar a compreensão de Raul, sua mãe o deixou desnorteado. Se ela tivesse simplesmente dito a Raul que seria adorável ter outro filho um dia, mas que eles estavam muito felizes com ele, Raul teria se sentido bem e seguro. Ela poderia ter esperado até Raul ter mais idade para lhe dar informações sobre abortos. Informação demais significa ter de lidar com muitos medos novos.

Esquecendo que há uma criança na casa

Os filhos únicos freqüentemente podem parecer tão entendidos e experientes que muitas vezes aparentam ter mais idade. Seu vocabulário e modos podem ser melhores do que os de outras crianças da mesma idade, mas os pais não devem deixar-se enganar e pensar que seu filho único é algum tipo de prodígio.

Na realidade, essas crianças têm apenas seus pais para seguir como modelos; por isso, imitar a linguagem e os comportamentos adultos é natural. Eles são capazes de criar a ilusão de maturidade, mas ainda são crianças.

Uma filha única de doze anos adora quando adultos lhe dizem que ela parece muito mais velha. "Acho legal que muitos adultos pensem que eu tenho dezesseis anos. Acho que eu tenho um bom vocabulário, e gosto de conversar com os amigos dos meus pais." Os pais podem achar a aparente maturidade de seu filho impressionante, mas isso é um ouro falso que pode levar a expectativas irrealistas de todos os lados.

Em uma casa onde os pais supõem que seu filho seja um deles, tudo será organizado para se adequar ao gosto dos adultos. "Minha casa é perfeita", diz Rhonda, de dez anos, com uma mistura de orgulho e arrependimento. "Toda a mobília na sala de estar é branca e meu quarto é muito bonito. Gosto de receber amigos, mas não podemos ter acesso à maior parte da casa. Tenho sempre medo de que alguém suje alguma coisa. Por isso, geralmente brinco na casa de meus amigos."

Os pais de Rhonda gostam de cozinhar pratos especiais e odeiam desordem. Eles acham que o gosto de sua filha é parecido com o deles e que ela não gosta de bagunça. Rhonda odiaria magoar os pais, por isso ela não lhes diz que o que mais gosta quando vai brincar na casa dos amigos que têm irmãos é exatamente o barulho e a bagunça que encontra lá. Quando ela chega em casa, leva um tempo para se acostumar com o silêncio e a limpeza de tudo. Ela adora seus pais, mas sente que ser criança é uma invasão ao modo de vida deles.

Alguns filhos únicos não só devem viver em casas impecáveis e mantê-las dessa forma, mas também devem ser miniaturas de anfitriões adultos, quando os amigos de seus pais vão visitá-los ou jantar com eles.

"Minha tarefa", diz Barry, de treze anos, "é sempre servir *hors d'ouvres*, pegar os casacos e conversar com os convidados. Eu os entretenho até meus pais descerem. Acho que comecei quando tinha cerca de cinco anos. Quando eu era pequeno, achava isso divertido, mas agora me sinto um robô. Converso com os adultos de um modo diferente daquele com que converso com meus amigos. É esquisito, e não gosto de ser o anfitrião com tanta freqüência quanto os meus pais querem que eu seja."

Embora Barry tenha desenvolvido maneiras excelentes e geralmente goste dos amigos de seus pais, ele preferiria estar mandando mensagens eletrônicas para seus amigos ou assistindo ao seu programa favorito de TV numa noite de sábado. Mesmo o filho único mais bem-educado se sentirá um extraterrestre se tiver de gastar tempo demais com os pés firmemente plantados no mundo adulto.

Superexposição à boa vida

Um filho único tende a ser levado para toda parte, enquanto transportar dois ou três é mais difícil, principalmente se os pais têm a intenção de viajar para fora do país. Mesmo quando se tenta fazer viagens mais baratas, é mais caro comprar quatro passagens aéreas do que três. Um dos grandes luxos de se ter um filho único é ser capaz de levá-lo com você e compartilhar a vida com ele. Viajar para outros países dá às crianças uma perspectiva que um dia num shopping center não pode proporcionar.

Eli, filho único, doze anos, passa todo verão na Europa com seus pais desde que era pequeno. Ele também foi para a Austrália, Bali, Fiji e Japão. Como resultado, ele adora viajar, mas há muitas férias em que ele ficaria satisfeito em trocar sua cabana de luxo em Fiji ou o hotel chique perto de Champs-Elysées pela praia em casa, onde ele poderia jogar voleibol com os amigos.

"Às vezes posso levar um amigo comigo", diz Eli, pensativo, "mas geralmente sou só eu e meus pais. Fico aborrecido de estar com eles, mas pelo menos tenho meu *game boy*." Eli aprecia o que ele aprendeu nas viagens, mas se ele pudesse escolher, preferiria ficar em casa e andar de *skate* com os garotos da vizinhança.

Os pais de filhos únicos, com as melhores intenções, podem também tornar seu filho um adulto, arrastando-o para eventos culturais, como ópera e balé. A vida dessas crianças certamente é enriquecida com a exposição à música e à arte, mas os pais que as obrigam a passar longas tardes em museus, ouvindo docentes discutir a influência de artistas espanhóis na pintura francesa, ou a ouvir Brahms durante três horas, estão exagerando e esperando que seus filhos pequenos tenham um gosto muito adulto e se concentrem durante um tempo longo demais.

"Meu marido e eu preferimos ter um filho; assim poderíamos ir a lugares e fazer coisas juntos com maior facilidade", diz China.

"Ficamos entusiasmados quando nossa filha, Jenny, mostrou interesse em arte e começamos a levá-la a museus quando ela tinha cinco anos. Mas não íamos a eventos de crianças aos domingos à tarde. Não, queríamos que ela soubesse como era observar plenamente uma pintura. Tenho uma boa formação artística, então lhe dava dicas sobre o que ela deveria observar nas obras. Se íamos a uma exposição, ficávamos até ver tudo. Geralmente, Jenny queria ir para casa depois de quinze minutos, mas eu me recusava a sair, embora ela ficasse aborrecida e estivesse mais interessada em brincar com o cabelo dela do que em ver arte. Mas agora que Jenny tem quatorze anos, ela se recusa a ir conosco e não põe o pé em nenhum museu, a não ser que seja uma excursão da escola, quando ela não tem opção."

Os pais de filhos únicos precipitam-se ao pensar que se o seu filho brilhante mostra interesse por arte, música, balé ou basquetebol é necessário explorar isso. Eles encontram o melhor professor de piano na cidade para seu filho ou passam horas em museus. Não basta para seu filho ter interesses e explorá-los de uma maneira casual. Em vez disso, esses interesses podem ser canalizados com freqüência e perseguidos de um modo direto, adulto. Jenny gostava de pintar e adorava ver Van Gogh, mas aos cinco anos ela não estava preparada para se tornar historiadora de arte.

Os filhos únicos que têm a oportunidade que Jenny e Eli tiveram têm a sorte de ter uma educação aprimorada. A vida deles como crianças, entretanto, pode não ser ideal. Os pais de filhos únicos devem controlar seu entusiasmo em tentar tornar seu filho mais velho do que é. Sei que a tentação é enorme, mas, para evitar esse erro, lembre-se da idade cronológica de seu filho e tente não ficar lisonjeado quando outros adultos dizem: "Nossa, Jerzey só tem dez anos? Ele parece muito mais velho". Isto não é, necessariamente, um elogio.

Tornando seu filho parte de seu casamento

Nos capítulos anteriores, falei sobre a necessidade de limites para impedir que seu filho único se torne uma daquelas crianças "odiosamente mimadas" de quem ouvimos falar com tanta freqüência. Uma das áreas mais perigosas em que os fracos limites podem ser muito destrutivos é em seu casamento.

Um filho único geralmente tem voz ativa na família, por isso não é de se surpreender que ele pense que faz parte do relacionamento de seus pais. Dois pais e um filho único formam um triângulo — com o filho na ponta. Se ele pode se posicionar nas brigas entre seus pais ou se acha que deveria resolver a situação, está assumindo um papel adulto não adequado para sua idade ou posição na família. Se toma partido de um dos pais e fica contra o outro, a estrutura se desequilibra. O casamento deve ser um assunto dos pais, mas quando um filho único está envolvido, isso é mais facilmente visto na teoria do que na prática.

Uma vez que 50% dos casamentos acabam em divórcio, é provável que seu filho único tenha amigos com pais divorciados. Mesmo crianças bem pequenas entendem que o divórcio é penoso e causa sérias perturbações. Quando os pais em um lar com um filho único discutem, o filho pode começar a temer que o desentendimento, embora seja sem importância, acabe em divórcio. Era o que minha filha pensava, e outros filhos únicos concordam que já tiveram esse receio.

Muitas vezes, filhos únicos são sensíveis ao relacionamento dos pais de uma forma que as crianças com irmãos não são. Em uma família com irmãos, se os pais discutem ou se desentendem, há uma chance de que as crianças não ouçam ou não dêem muita importância, porque estão ocupadas umas com as outras e não fazem parte do triângulo. Em famílias com irmãos, as crianças podem unir-se para ter o que querem dos pais, mas é menos comum elas jogarem um pai contra o outro ou ficarem no meio de uma briga entre eles.

Veja um exemplo: Thalia, de dezoito anos, é filha única e acaba de sair de casa para fazer faculdade. Ela e seus pais foram sempre tão unidos que ela achava que o casamento deles a incluía. "Fazíamos tanta coisa juntos que era natural eu pensar que fazia parte do casamento deles. Eu costumava ficar aborrecida quando eles queriam sair sem mim. Eu não entendia por que eles não queriam me levar, e dava-lhes trabalho. Eu tentava fazê-los se sentirem culpados para não me deixarem, e às vezes isso funcionava. Se eles tivessem de ir a um evento onde as crianças não eram bem-recebidas, eu queria saber exatamente por que eu não podia ir, e discutia com eles." Thalia ainda tem dificuldade em pensar nos pais sem ela. "Somos três", diz ela, decidida. Alguns filhos únicos não só reclamam de não serem membros da equipe, mas também participam de decisões que os pais deveriam tomar entre eles.

Jasper, de vinte e sete anos, lembra-se de quando seus pais estavam tentando decidir que carro comprar. "Acho que era entre um Volvo e um Honda. Eles estavam sentados à mesa da cozinha com as brochuras espalhadas à frente quando eu entrei. Acho que eu tinha onze ou doze anos. Olhei os folhetos e disse: gosto do Honda. Voto nele. Minha mãe disse-me que eu podia ter uma opinião, mas não tinha direito a voto, e a decisão era deles. Disse-me que comprar um carro era uma despesa grande e como eu ainda não dirigia, era algo que tinha de ser decidido entre papai e ela. Eu fiquei realmente furiosa e disse-lhes que não ia andar de carro se eles não comprassem o que eu queria. Eu estava tão acostumada a participar das decisões da casa, como de que cor pintar a sala ou o que fazer para o jantar, que não queria abrir mão daquele controle."

Como os pais dão à criança a idéia de que ela pode participar de grandes decisões, ela espera ser envolvida em aspectos de um casamento que são inadequados para ela. "No ano passado, meu marido não esteve muito em casa", diz Nadine. "O trabalho dele o tem tirado da cidade ou ele fica no escritório quatorze horas por dia. Eu quase não o vejo. Acabamos brigando feio por causa disso, e nosso filho, Monty, que tem doze anos, ouviu e me defendeu. Não foi correto ele entrar no meio, mas como ele não tem irmãos, está muito envolvido em nossas vidas e sente-se responsável de alguma forma por nossa alegria. Intimamente, fui grata a ele por dizer algo, porque ajudou no meu argumento. Mas sei que isso o deixou aborrecido."

Se Nadine não fizer uma distinção entre Monty e seu casamento, o filho continuará querendo tomar partido, o que só pode piorar a situação. Além disso, Monty ficará desnecessariamente preocupado com o relacionamento de seus pais. Nadine deveria ter dito a Monty que ela e o pai dele resolveriam as coisas juntos, do jeito deles.

Inversões de papel

Quando um pai ou ambos ficam doentes, um filho único pode tornar-se uma pessoa essencial para cuidar deles. Darcy sempre cuidou dos pais. A mãe dela fez três cirurgias de bacia, e o pai é doente cardíaco. Quando ela estava tentando decidir em que faculdade iria estudar, sua decisão foi influenciada, em grande parte, pela saúde dos pais. Ela sempre esteve lá para ajudá-los, por isso decidiu não sair do Estado e ficar o mais perto possível de casa.

"Sinto-me culpada por sair", diz Darcy. "Eles têm seus interesses próprios, então não me preocupei tanto com a síndrome do ninho vazio, mas minha mãe dependia de mim para ouvir sobre suas preocupações." A mãe de Darcy dependia tanto dela, emocionalmente, que, de fato, seus papéis estavam invertidos. Darcy virou a mãe, e esta, a filha. Ela achava que só Darcy podia realmente entender o que estava acontecendo na família deles.

Tendo assumido o papel de mãe durante tanto tempo, Darcy agora nota um padrão em suas amizades e relacionamentos. Ela está sempre tentando acertar as coisas para as pessoas e precisa estar no comando. Se ela não estiver bancando a mãe de alguém, não se sente realizada. Ela perdeu a noção de si mesma e agora percebe que dificilmente leva seus desejos e necessidades em consideração.

Quando os pais são divorciados

Os filhos únicos de pais divorciados também podem cuidar de si mesmos, pelo menos parte do tempo. Não importa o quanto sejam bem-intencionados, os pais que dividem a custódia podem ver-se deixando seu filho assumir a responsabilidade por organizar uma vida que vai para lá e para cá, de uma casa para outra. Já que tantos filhos únicos parecem ter mais idade, os pais podem achar que eles são capazes de estabelecer estratégias e prioridades da mesma forma que os adultos.

"Meus pais se divorciaram quando eu tinha onze anos. Eles ainda são amigos, mas ambos trabalham muito. Passo metade da semana na casa de meu pai e metade com minha mãe", diz Grant, de quinze anos. Foi bem difícil me acostumar com eles morando separados. Ainda por cima, eu tinha que lembrar de levar coisas comigo e não esquecer da lição de casa. No início, meus pais deixavam uma lista de coisas para eu pegar, mas depois de um ano, mais ou menos, eles estavam ocupados demais e eu tive de fazer isso sozinho. Eu esquecia muitas coisas, mas depois que esqueci o uniforme de basquetebol na casa de meu pai e não pude jogar, melhorei e consegui ter mais controle sobre minhas coisas."

Outro caso importante é o do filho único que precisa se ajustar a regras e estilos de educação distintos em duas casas. Se os pais não têm um sistema para se comunicar, nem têm uma idéia comum sobre como educar, isso dá a um filho único abertura para ele dirigir sua própria vida. Cuidado! Os filhos únicos gostam de assumir o controle e farão isso se você lhes der espaço.

"Meus pais se divorciaram quando eu tinha sete anos, porque eles dificilmente concordavam com alguma coisa — e ainda hoje não conseguem", lembra-se Neil, de vinte e dois anos. "Mas eles decidiram dividir a minha custódia."

O pai de Neil verificava a lição de casa dele, especificava horário para voltar para casa e insistia em boas maneiras. A mãe, entretanto, cedia aos choramingos de Neil. Ela fazia pratos especiais para ele, deixava-o assistir à TV durante a semana e "supunha" que Neil fizesse a lição de casa. "Na verdade, eu era uma criança bastante responsável", continua ele, "e na maior parte do tempo eu fazia o que devia fazer, mas sem dúvida eu me divertia jogando um contra o outro. Se minha mãe dizia que eu podia fazer alguma coisa que meu pai nunca me deixaria fazer, eu contava a meu pai que ela achava que aquilo não tinha problema e vice-versa. Daquela forma, eu geralmente conseguia tudo o que eu queria."

Se algumas crianças lessem isso, pensariam que Neil tinha muita sorte, mas ele preferiria que sua vida fosse mais organizada. "Era como ser duas pessoas. Na casa de meu pai, eu fazia meus deveres e raramente discutia sobre o que ele me pedia para fazer. Na minha mãe, eu podia ser desleixado, ouvir música bem alto e comer o que eu quisesse. Mas, às vezes, eu misturava tudo e começava a me portar na casa de meu pai como se estivesse na minha mãe. Aquilo me deixava encrencado." Neil não descobriu quem ele era realmente até sair de casa para ir fazer faculdade e conseguir juntar seus dois lados sem a interferência dos pais.

O filho único como substituto do companheiro

Pais solteiros podem tratar seu filho único como adulto, envolvendo-o em sua vida amorosa e em questões de divórcio. Pai e filho passam tanto tempo juntos e superam tantos obstáculos que podem ficar muito ligados. Eles podem tornar-se melhores amigos, dividindo segredos, e o papel do filho único pode evoluir inadequadamente para o de substituto de um companheiro.

Zane, de vinte e sete anos, tinha oito quando seu pai saiu de casa.

"Um dia, meu pai simplesmente não voltou. Ele desapareceu e nosso dinheiro foi com ele. Minha mãe era artista, fazia alguns trabalhos como *free-lancer*, mas isso não rendia muito. Depois que papai sumiu, minha mãe ficou incrivelmente deprimida, e era meu papel tentar fazê-la sentir-se melhor. Ela me dizia que meu pai não ligava para ela e era até violento. Eu protestava porque adorava meu pai, mas também queria proteger minha mãe. Era difícil para mim ouvir tudo aquilo. Na minha cabeça, tornei-me o homem da família. Eu ajudava o máximo que uma criança pequena podia e ia a todo lugar com minha mãe. Se houvesse um evento social, minha mãe me levava com ela, mesmo quando as crianças não eram exatamente bem-vindas. Acredite ou não, minha mãe não teve namorado até eu entrar na faculdade. Eu era a companhia dela na maioria das vezes. Então, como criança, quando eu queria sair para brincar, sentia-me culpado, e, na escola, sentia-me desleal por ter namoradas."

Zane, atualmente, tem um bom emprego em uma agência de propaganda e ainda conversa todos os dias com sua mãe. Quando eles brigam, é como ouvir um velho casal. Os relacionamentos com garotas são desafiadores para Zane porque ele não parece sair da "zona da amizade" para estabelecer um romance e se distanciar da mãe.

Melanie, de quatorze anos, e sua mãe, Joan, são muito amigas. Os pais de Melanie divorciaram-se quando ela tinha três anos, e elas sempre foram uma "dupla dinâmica".

"Eu realmente nunca considerei Melanie uma criança. Ela é a pessoa com quem eu me confidencio depois de um dia de trabalho. Quando precisávamos de mais dinheiro, eu contava minhas idéias a Melanie. Ela era tão criativa que me ajudou a ter uma idéia para um programa de TV que uma rede a cabo acabou de comprar, sobre moda jovem."

Melanie elogia a espontaneidade da mãe e seu senso de humor. "Honestamente", diz ela, "eu me divirto em ficar com minha mãe tanto quanto com minhas amigas". Este ano, entretanto, Melanie começou a escola secundária e quer ter uma vida mais separada da mãe. Mas Joan está apegada à filha como uma criança ao seu ursinho. Se Melanie quer passar a noite na casa de uma amiga, Joan pergunta: "Você não prefere assistir à TV comigo? Eu peço uma pizza e ficamos por aqui e rimos com os velhos programas do Nickelodeon."

Melanie não quer desapontar a mãe, de quem ela sempre foi tão próxima, por isso fica mais em casa do que gostaria. "Minha mãe abriu mão de tanta coisa por minha causa", diz Melanie. "Como posso dizer não a ela?" Mas, se ela não começar a dizer não, Melanie pode experimentar o mesmo destino de Zane quando for mais velha e não ser capaz de estabelecer sua própria identidade.

Conseqüências de se tratar um filho único como adulto

Vimos que os filhos únicos que assumem papéis de adulto podem sentir-se como pessoas excluídas do seu grupo de companheiros e podem não ser capazes de se distanciar o suficiente de seus pais para estabelecer vidas totalmente independentes. Entretanto, como acontece com o perfeccionismo, esse erro também tem seus aspectos positivos. Porém, primeiro vamos examinar alguns dos aspectos negativos.

Conseqüências negativas

O filho único que tem responsabilidades demais como adulto pode nunca ter uma infância real e pode perder a espontaneidade; e esta é uma das características fundamentais de ser criança.

Quando permitimos que nossos filhos únicos tomem decisões que por direito cabem aos adultos, entregamos as chaves de um reino que nosso pequeno pretendente ao trono não está preparado para governar. A confusão de ser adulto num corpo de criança tende a criar angústia depois que a euforia do poder passou. Foi isso o que aconteceu com Jacob Grossman.

"Meus pais eram como adolescentes imaturos", lembra-se Jacob, de cinqüenta e cinco anos. "Quando eu tinha dez anos, percebi que teria de me comportar como adulto. Meu pai estava sempre trabalhando e minha mãe sofria de hipertireoidismo; então o comportamento dela era freqüentemente bizarro. Meus pais brigavam o tempo todo. Minha mãe queria que eu fosse uma criança, mas também que eu cuidasse dela. Era uma loucura. Eu era a vida de minha mãe, e fazia tudo para sair daquele sufoco."

A solução de Jacob foi tornar-se o mais auto-suficiente possível. Quando tinha quinze anos, ele ganhou dinheiro suficiente, cortando grama, para comprar um sofá novo para sua mãe. "Eu montei um bom negócio e não tinha de pedir muito. Eu ia a um lugar onde minha vida não dependia da alegria de meus pais. Embora as coisas em casa certamente não fossem normais, eu não era mal-amado."

Mas crescer em uma família na qual ele precisava ser o adulto acabou tornando Jacob um pouco insensível aos outros. Ele achava que todo mundo deveria ser tão competente quanto ele. Quando criança, ele gostava de assumir o comando, mas já adulto, ele ficou frustrado quando descobriu que nem sempre podia ter o controle de tudo. Ele teve de trabalhar muito para ser mais tolerante com os outros e não pedir mais às pessoas do que elas podiam dar.

Uma criança que está muito integrada ao mundo adulto pode estar sempre se preocupando e, mais tarde, pode vir a ser um adulto que tem dificuldade em ser determinado.

Ser tratado como adulto faz parte de ser um filho único, porque é quase impossível construir uma parede impenetrável entre pais e filho. As coisas desmoronam. As preocupações com parentes doentes, problemas de dinheiro, conflitos no trabalho etc. podem não ser ventilados a um filho até certo ponto. Os filhos únicos não podem deixar de ouvir coisas porque estão muito envolvidos com seus pais. Um filho único diz o seguinte: "Preocupar-se é um método de controle. Se você se preocupa o bastante com uma coisa, pode assegurar que o resultado seja o que você quer."

"Eu me preocupo com tudo", diz Nicky, de vinte e três anos. "Como filho único, eu era incluído nas decisões mais importantes tomadas pelos meus pais. Quando compramos uma casa, eles não tomaram a decisão final até saberem se eu estava de acordo. Aquilo era muita pressão para mim. E se a casa fosse um tiro n'água? Então seria culpa minha. Meus pais conversavam comigo sobre tudo, desde comprar uma nova cafeteira até se minha mãe deveria ou não mudar de emprego. Eu via meus pais se esforçarem tanto em tudo que achava que eu devia fazer o mesmo. Não sei como deixar as coisas andarem para ver o que acontece. Estou sempre preocupado em não fazer escolhas erradas e, à medida que vou ficando mais velho, percebo que não confio em meus instintos."

O filho que passa a cuidar dos pais ou que é um substituto significativo para um pai solteiro pode ter sempre que ser aquele que cuida em relacionamentos adultos.

Essa criança pode achar difícil, se não impossível, deixar outra pessoa cuidar dela, mesmo quando necessário. Ela só pode ser capaz de estabelecer fortes relacionamentos com aqueles que são necessitados. Esta é a situação de Darcy, que é incapaz de sustentar amizades a não ser que aja como mãe.

Leland, de quarenta e dois anos, assume o papel de pai. "Meu pai faleceu quando eu tinha quinze anos, e minha mãe desmoronou. Ela não sabia como pagar as contas e nunca teve emprego. Eu assumi e tive de mostrar-lhe como fazer tudo. Eu me casei e me divorciei duas vezes com mulheres que eram extremamente dependentes, como minha mãe, mas os relacionamentos não funcionaram. Mesmo amigos íntimos contam sempre com meu apoio. Meu melhor amigo era alcoólatra e se recuperou, e eu fui um dos que o ajudou a se reabilitar. Noto que eu me cerco de pessoas de quem tenho que cuidar e comecei a não gostar desse papel. Agora, eu gostaria que alguém tomasse conta de mim, mas sei que terei dificuldade em não estar no comando."

O filho único que é levado para a Europa todo verão, freqüentemente come em restaurantes caros de gourmet *e fica com seus pais em* resorts *quatro estrelas; por isso pode não ser capaz de se ajustar à vida sozinho sem esses privilégios.*

Alice, de vinte e nove anos, nunca pensou que pudesse se arrepender de alguma coisa por ser filha única até recentemente. Seu emprego numa empresa de relações públicas em Nova York paga apenas o suficiente para ela manter um teto minúsculo e ter algumas comidas do restaurante chinês local na geladeira. Sua luta para encontrar um emprego e então se sustentar em uma das cidades mais caras do mundo tem-lhe ensinado que vai demorar muito até ela aproveitar algo parecido ao estilo de vida que compartilhava com seus pais. Ela está desanimada com seu lento progresso na carreira e com o fato de ganhar pouco.

"Se meus pais não tivessem me levado para todo lugar, eu nunca sentiria falta de refeições maravilhosas e de *resorts* fabulosos", diz ela. "A maioria dos meus amigos com irmãos não freqüentou esses lugares com seus pais. Sinto-me desapontada comigo mesma porque acho que estou retrocedendo. Cresci com a vida que deveria ter agora, por isso é muito frustrante. Se eu tivesse irmãos, provavelmente não esperaria conseguir tanto tão rapidamente."

Conseqüências positivas

O filho único que divide experiências adultas e assume mais responsabilidades do que a maioria das crianças nem sempre pode aproveitar o *status* a que tem direito. Sua posição pode até roubá-lo de certas liberdades da infância, mas ele também pode ganhar consideravelmente ao ser tão envolvido no mundo adulto. Então, se você se viu cometendo o erro de tratar seu filho como adulto em certo grau, como certamente o fez, não entre em desespero. Alguma coisa boa virá com isso.

Os filhos únicos que são tratados com igualdade em casa geralmente se sentem bem com adultos. Isso pode gerar mais sucesso no trabalho e na escola.

Quando Sonia, de vinte e três anos, formou-se na faculdade, dois anos atrás, ela abriu uma escola de aulas particulares para ter meios de seguir sua carreira como atriz. "Meus pais têm sua empresa de *design* gráfico", conta Sonia, "e eu costumava observá-los de perto. Eles me deixavam ajudar no escritório quando eu era criança, por isso eu tenho idéia do que é necessário para se dirigir um negócio". Sonia era uma observadora tão boa que aprendeu a imitar como seus pais conversavam com clientes e lidavam com problemas. As aulas particulares decolaram direto e agora ela ganha mais dinheiro do que a maioria de seus amigos da faculdade que trabalham para corporações.

"Eles estão surpresos porque eu estou trabalhando por minha conta e estou indo bem. Ser filha única foi uma vantagem para mim. Por ter sido tão cercada de adultos, posso me relacionar tão bem com os pais das crianças a quem dou aulas quanto com seus filhos. Sou capaz de conversar com os pais no nível deles, e eles acham que tenho muito mais do que vinte e três anos. Além disso, por ter ido a tantos lugares com meus pais e ter conhecido diferentes tipos de pessoas, posso conviver com qualquer pessoa, da mais conservadora à mais excêntrica. Se eu não fosse filha única, dirigir um negócio como o meu seria muito mais difícil."

Uma criança que viajou bastante e foi exposta a diferentes culturas será mais capaz de se ajustar a novos ambientes.

Jayce, de trinta anos, é um banqueiro de investimento e filho único cujo primeiro emprego ao sair da escola de administração o levou para o exterior. "A empresa que me contratou queria saber se eu assumiria uma posição na Alemanha. Eu não falava a língua e não conhecia ninguém lá. Mas viajei muito com meus pais e achei que poderia me adaptar rapidamente a um novo país. Então, arrumei as malas e fui para Berlim. Tudo deu certo. Em um ano, eu sabia alemão o suficiente para me virar bem e fiz alguns bons amigos. Foi uma grande aventura."

Jayce está certo de que se não fosse filho único e se não tivesse viajado com seus pais desde os seis meses de idade, ele poderia ter recusado a oferta da empresa. "Eu não teria me sentido à vontade para arrumar as minhas malas e sair se meus pais não tivessem feito de mim uma parte importante da vida deles."

Os filhos únicos que estão acostumados com mais responsabilidades são crianças mais adultas do que aquelas com irmãos e podem se sentir menos intimidados com os papéis que têm de assumir ao crescerem.

Os pais que contam demais com o apoio físico ou emocional de seu filho único, por um lado, prestam-lhe um desserviço, mas, por outro, prestam-lhe um serviço. Tasha, de trinta e um anos, é filha única e tem um filho de seis anos. Como Darcy, ela passou a maior parte da infância ajudando a cuidar de um pai com deficiência física.

"Minha mãe era sozinha e tinha diabete. Logo, era uma coisa atrás da outra. Ela contava tanto comigo que eu acabei me ressentindo e, assim que pude, me mudei. Mas agora que estou casada e tenho meu filho, vejo que ajudar minha mãe foi o melhor treinamento que eu poderia ter para a maternidade. Sei o que significa abrir mão de coisas por alguém que você ama. Sou mais paciente com meu filho que meus amigos são com os deles."

Um filho único que faz parte de processos de tomada de decisão com seus pais sabe o que está envolvido para se tomar decisões bem ponderadas.

Os filhos únicos que são envolvidos demais com preocupações de adultos podem crescer e tornar-se preocupados demais, mas também podem tornar-se adultos criteriosos, que compreendem o que significa tomar decisões conscientes. Louis, de vinte e cinco anos, tem pensado em mudar de emprego. Ele recebeu uma proposta para ganhar muito mais dinheiro para trabalhar com *marketing* em outra cidade e sair de sua atual posição em um estúdio de cinema em Los Angeles.

"A maioria das pessoas teria passado para o novo emprego só pelo dinheiro, mas eu precisava examinar cada aspecto do acordo e verificar o que seria significativo a longo prazo. Meus pais, freqüentemente, pediam minha opinião e levavam-me a sério. Eles me ensinaram a examinar totalmente as coisas e fazer boas perguntas." Louis diz que, às vezes, ele "pensa demais", mas pelo menos entende que fazer boas escolhas exige certo cuidado.

Como os pais podem evitar tratar seu filho único como adulto

Aqui vão algumas dicas importantes, selecionadas de pais de filhos únicos com muita experiência:

- Procure tornar sua casa um lugar onde seu filho possa ser criança. Em um lar que o acolha bem, onde ele se sinta livre para levar os amigos, fazer reuniões, comer sua comida e fazer uma bagunça. Reserve a formalidade para ocasiões especiais ou para a sala. Não deixe de ver se há lugares suficientes em sua casa onde seu filho e os amigos possam ficar à vontade.

- Estabeleça limites. Pense duas vezes quando se sentir tentado a tornar seu filho parte de seu casamento ou envolvê-lo em conflitos conjugais. Lembre-se de que seu filho adora vocês dois igualmente e não quer tomar partido.
- Não dê a seu filho informações demais sobre seu relacionamento com seu cônjuge ou outra pessoa significativa para você. Seu filho só quer saber se você está lá para orientá-lo e protegê-lo.
- Se você for pai ou mãe solteira, tome um cuidado especial para não tornar seu filho um confidente ou companheiro. Não lhe conte particularidades de seus encontros, além de dizer algo como "Tivemos um jantar maravilhoso no Angeli".
- Exponha seu filho a experiências culturais, mas não as torne obrigatórias nem muito intensas. Se o seu filho só agüentar aproveitar um museu durante quinze minutos, saia depois disso. Leve-o para concertos de crianças e veja como ele reage. Não arraste seu filho de sete anos, que preferiria ficar à noite em casa, lendo, a assistir a um concerto de Beethoven, a não ser que ele seja um músico promissor e tenha insistido em ir.
- As crianças não estão preparadas para tomar decisões adultas com você. Não peça a seu filho de nove anos para dizer se ele acha que a vovó deveria ir para uma casa de idosos ou não. Deixe esse tipo de decisão para você e explique-a mais tarde, de uma forma que ele possa entender. Se você está tentando escolher um lugar para sair de férias e seu filho implora para ir à Disney World, mas você quer ir para a Itália, pode decidir como família o que seria mais divertido para todos. Mas não deixe seu filho ditar a escolha sozinho.

Faça o Seu Teste

Você trata seu filho único como adulto?

- Você discute o seu casamento com seu filho?
- Você conta com seu filho para assumir responsabilidades que só deveriam ser assumidas por adultos?
- Você leva seu filho freqüentemente para eventos de adultos onde ele geralmente é a única pessoa com menos de trinta anos e deve ter sempre um comportamento impecável?
- Você mantém seu filho em casa com você em vez de combinar dias de brincar com amigos porque ele é seu melhor amigo e você quer que ele continue assim?
- Você não cria limites significativos entre o mundo adulto e o mundo de seu filho? Você conta "tudo" a seu filho porque pensa que é melhor ser totalmente honesto com as crianças, embora isso possa produzir estresse?
- Você montou uma casa que deve sempre estar em ordem e com uma decoração perfeita?
- Você depende de seu filho para seu bem-estar emocional?
- Você espera que seu filho possa organizar e estabelecer prioridades tão bem quanto um adulto?

Se você respondeu sim a qualquer uma dessas perguntas, pode estar tratando seu filho único como adulto. Muitos pais tratam seu filho como adulto intermitentemente. Mas, quanto mais conscientes esses pais forem quanto a esse mau hábito, mais rapidamente eles podem interromper isso. Os pais que tentam moldar seu filho único em um pequeno adulto são os mesmos pais que podem elogiar demais seu filho e dar a ele uma visão distorcida de si mesmo. Este é o sétimo erro e o assunto do próximo capítulo.

Capítulo Sete

Elogiar Demais

Sou filho único, tenho trinta e sete anos, uma esposa e um filho único nosso. Ser filho único trouxe-me muitos benefícios, mas, acredite ou não, a parte difícil foi o elogio constante de meus pais. Para eles, eu era bom em tudo, e eles me diziam isso. Não importa o que eu tentasse, não importa se eu fizesse uma coisa bem ou mal, eles me diziam que eu era o melhor. Eu era um garoto brilhante, logo, eu sabia mais. Meus pais me davam uma noção falsa de valor que eventualmente tive de superar na escola, no trabalho e com amigos. Levei anos para saber exatamente quem eu sou. Faço as coisas de um modo diferente com meu próprio filho. Encorajo e dou apoio a ele, mas poupo elogios para quando ele realmente os merece. Meus pais me elogiavam para estimular minha auto-estima, mas de fato aquilo fazia eu me sentir um impostor.

Agora, chegamos ao sétimo erro fatal. Embora seja o último da série, tem um impacto tremendo. Muitos pais de filhos únicos simplesmente não se cansam de elogiar seus filhos, visto que essa criança é a criatura mais maravilhosa e surpreendente do universo. Eles nunca viram e nunca verão nada igual. No desejo de fazer o melhor por ela, tentam estimular sua psiquê cada vez que têm uma chance. Qualquer coisa que seu filho faça moderadamente bem, não importa o quanto seja pequena, merece elogio. Por quê? Porque eles só têm um filho para ser acolhido, superprotegido e sustentado.

Pais assim também podem ser defensivos por ter apenas um filho e acham que elogiar demais é uma boa forma de compensar por não terem outros filhos. Quando eles elogiam tudo que Lila, de sete anos, faz, podem estar tentando mostrar ao resto do mundo que são pais tão dedicados quanto aqueles com mais de um filho. Isso segue o pensamento de que ter mais de um filho os torna mais pais, mas não é verdade.

Outros fatores também podem levar a elogios excessivos. Os pais de filhos únicos que esperam até seus trinta ou quarenta anos para ter um filho podem levar o ato de serem pais mais a sério do que aqueles que têm seus filhos com vinte anos. Bem viajados e com carreiras estabelecidas, os pais mais velhos freqüentemente sabem mais sobre si mesmos do que os pais mais jovens. Ter seu filho é a última fronteira, e eles pretendem fazer isso bem. Eles leram todos os livros e estão cientes de que construir a confiança de um filho é uma parte crucial de sua boa educação.

Em minha geração, a maioria dos pais não tinha ouvido falar em auto-estima e não tinha idéia de sua importância. A maioria das crianças que eu conheci, inclusive eu, só recebia elogio quando fazia alguma coisa absolutamente fabulosa. Fabuloso podia incluir salvar o bebê de um engasgamento, ir atrás do cachorro da família e impedi-lo de ser atropelado ou tirar só A na escola. Caso contrário, esperava-se que fizéssemos nossas tarefas, nos comportássemos bem e respeitássemos as tradições da família. Não recebíamos elogio por fazermos o que era necessário, mas somente por fazermos o que era excepcional. De alguma forma, sobrevivemos e passamos para a fase adulta — com ou sem nossa auto-estima intacta. Normalmente, eu não me importaria em ser olhada com ar de reprovação por minha mãe ao chegar em casa com notas B em meu boletim, contanto que não precisasse fazer nada. Eu ficaria entusiasmada se minha mãe me elogiasse por lavar todos os pratos depois de um jantar no Dia de Ação de Graças, mas ninguém esperava que eu fizesse menos do que isso. Agradeciam-me gentilmente, mas era só.

Nos anos de 1960 e 1970, minha geração se revoltou. Estávamos cansados de ser considerados como pais que não achavam nada de errado em cultivar o que nós considerávamos uma mentalidade tacanha. Éramos revolucionários e seríamos reconhecidos por nossa originalidade, mas não me lembro de esperar com isso aumentar minha auto-estima (eu nem sabia o que era isso) ou em me preocupar se qualquer pessoa iria gostar do que eu estava fazendo.

Os pais de um filho único, hoje, são os herdeiros daquela busca pelo individualismo, o que gerou um interesse intenso pela psicologia e o desenvolvimento infantil, e originou cerca de um milhão de livros de auto-ajuda. De repente, como e o que nossos filhos pensavam de si mesmos passou a ser crucial para tornarem-se membros produtivos da sociedade. Os educadores e psicólogos disseram aos pais que a alta auto-estima era a maneira certa de garantir um resultado positivo para as crianças, e os pais os ouviram, particularmente aqueles com um único filho. Com apenas um filho para se concentrar, muitos pais adotaram completamente a idéia de auto-estima. Mas, no processo, eles reduziram o conceito de verdadeira auto-estima — que deveria combinar uma forte noção de valor próprio com a capacidade de lidar com desafios — para fazer seu filho sentir-se bem, cobrindo-o de elogios.

Em famílias com irmãos, muitas coisas que um filho faz podem passar despercebidas ou não serem comentadas, porque os pais estão ocupados, vendo o que outra criança está fazendo. Pais com vários filhos não têm tempo para massagear os egos de dois ou três filhos com elogios elaborados vinte e quatro horas por dia. Mas os pais com um filho podem ver e ouvir tudo. No minuto em que seu filho faz uma observação como "Você sabe que o oceano parece o céu porque ambos são azuis", ele é cumprimentado como se fosse um Ernest Hemingway em potencial, em vez de ser uma criança normal, observadora.

Os pais de um filho único podem ser perfeccionistas consigo mesmos e também com seus filhos, e muitos lutam para ser modelos. Eles acham que os melhores pais fazem tudo o que está a seu alcance para elogiar seu filho, assegurando, assim, que ele cresça com elevada auto-estima. No fundo, eles podem ter receio de que os críticos que dizem que filhos únicos serão desajustados quando crescerem estejam certos. Mas esperam conseguir fazer seu filho "sentir-se bem" consigo mesmo, assim essa previsão será evitada e seu filho se tornará um adulto criterioso. Entretanto, elogiar, o que é freqüentemente feito na forma de cumprimentos, e desenvolver a auto-estima são, de fato, coisas bem diferentes. Uma não leva necessariamente à outra. Como acontece com tudo o que vale a pena, é mais complexo que isso.

Os pais de filhos únicos também podem ser inseguros porque este é o primeiro filho que eles criaram. Eles podem estar inseguros por não saber como garantir o amor de uma criança e podem estar preocupados com o fato de que se fizerem a coisa errada podem acontecer coisas inimagináveis e seu filho pode não amá-los totalmente. E se o seu filho se sentir insignificante porque eles não o elogiaram o suficiente? Os pais com mais de um filho devem dividir a atenção e geralmente não se preocupam em deixar passar pequenas realizações. Os pais de um filho único, entretanto, podem achar que se deixarem de elogiar uma sessão muito boa de treino no piano ou uma descida incrível de esqui, seu filho achará que eles não ligam para ele.

Estamos de volta à síndrome da lente de aumento. Os pais que se preocupam com o fato de que seu filho único pense que eles o estão ignorando podem ganhar mais se resolverem melhor como podem ensiná-lo a cumprimentar e recompensar a si próprio, em vez de procurá-los sempre para ganhar um elogio. Falaremos mais sobre isso adiante.

Elogiando demais um filho único

Elogiar demais um filho único pode começar cedo. Pais de primeira viagem, fascinados com seu filho, mal podem virar as costas depois de cada momento aparentemente maravilhoso. Eles se surpreendem com tudo que seu filho aprende, e cada etapa de desenvolvimento é uma revelação. O primeiro sorriso de um bebê, a primeira vez que ele senta e a primeira vez que anda são eventos que merecem toda a atenção e prazer absoluto. Mas os pais de filhos únicos podem continuar a elogiar cada uma dessas realizações em termos gerais ("Você é o bebê mais fabuloso que já vimos"), porque não é apenas a primeira, mas também a única vez que eles estarão vendo o progresso de um bebê. No entanto, os pais que continuam elogiando seu filho único dessa forma podem criar um indivíduo que espera esse retorno para tudo o que faz, inclusive atirar sua raquete de *squash* na parede, se for cumprimentado com o mesmo entusiasmo. "Nossa, Ryder, você é o bebê de nove meses que melhor atira as coisas no chão."

Elogio generalizado superlativo

Esse tipo de elogio não tem perímetros e não se restringe ao que uma criança está realmente fazendo no momento. É claro que os pais querem que seu filho saiba que eles estão orgulhosos dele e apóiam seus esforços, mas o elogio generalizado pode levar uma criança a acreditar que tudo o que ela faz pode merecer o mesmo tipo de admiração máxima.

"Quando fizemos a opção de ter apenas um filho, Bill e eu sabíamos que tudo o que Kerry fizesse seria especial para nós", diz Marlene. "Tivemos o cuidado de gravar todas as "primeiras" coisas e elogiar Kerry quando ele aprendia alguma coisa nova. Não achávamos que havia nada errado em dizer que ele podia ser o próximo Picasso. Quando ele começou a jogar beisebol, era um arremessador bom, que com um pequeno esforço teria sido capaz de fazer com que alguns rebatedores batessem para fora. Durante o jogo de abertura, ele fez isso, e mal pudemos conter nossos elogios. Dissemos a ele que era o melhor jogador do mundo, porque queríamos motivá-lo." Mas Kerry levou a sério esse elogio, e depois daquele jogo inicial ele passou a se exibir achando que era um astro. Na realidade, não foi capaz de repetir seu sucesso inicial e passou grande parte da temporada no banco, irritado com o treinador e confuso. Se ele era tão bom quanto seus pais lhe disseram que era, por que não estava jogando?

O elogio deveria enviar ao filho único a mensagem de que ele é amado e aceito pela pessoa que é, e não pela pessoa que seus pais esperam que ele seja. Crianças como Kerry estão fadadas ao fracasso e ao desapontamento, porque o mero afago não aponta para as forças reais delas e as ajuda a aprimorar suas fraquezas. O elogio generalizado pode levar um filho único a pensar que ninguém é melhor que ele, ninguém é mais especial e ninguém é mais merecedor. Este é um precedente perigoso de estabelecer.

Os pais de Zelda, filha única de doze anos, são dedicados a ela desde que ela nasceu. Eles tentaram durante anos ter um filho, por isso, quando ela veio, foi mandada por Deus, e tornou-se a *superstar* deles. Os pais de Zelda tentaram convencê-la de que ela era a mais talentosa em qualquer coisa que tentasse fazer.

"Achávamos que aquele elogio ajudaria Zelda a atingir qualquer coisa que quisesse. E, é claro, uma vez que ela é nossa filha única, queremos que tenha tudo. No ano passado, ela fez aulas de tênis e desde o começo lhe dissemos que era ótima. Seu pai e eu achamos que era importante para ela ouvir isso, de modo que sentisse que estava no mesmo nível de outras crianças, algumas das quais são mais velhas do que ela. Mas deu errado. Quanto mais cumprimentávamos Zelda, menos entusiasmo ela tinha pelo tênis. De fato, um dia ela estava tão chateada em ir para a quadra que começou a chorar no carro e quis desistir de uma vez. Quando perguntei qual era o problema, ela disse: 'Mãe, você mentiu pra mim. Não sou a melhor jogadora e todos sabem disso. Por que você me diz essas coisas? Acho que não consigo ser tão boa quanto acho que sou'."

Os pais de Zelda não estavam deliberadamente a enganado, mas não tinham outra forma de encorajar os seus esforços. Eles poderiam ter dito a Zelda o quanto o serviço e a bola de fundo dela tinha melhorado e apontado estratégias específicas utilizadas por ela para atingir um bom resultado. Então, poderiam ter-lhe dito o quanto ficaram orgulhosos com a sua determinação. Dessa forma, Zelda teria se sentido encorajada e reconhecida. Ela teria respeitado seus próprios esforços, sabendo que foram reconhecidos. Os "excelentes" generalizados de seus pais expuseram as inseguranças naturais de Zelda em lugar de fazê-la sentir-se competente com seu desempenho no tênis.

Sentir-se bem não é o mesmo que ter auto-estima

Muito do que acontece em nossa cultura é para nos fazer sentir bem. Comprar um carro novo nos fará sentir bem. Usar roupas da última moda nos fará sentir bem. E quem não quer se sentir bem? Mas esses acertos externos duram muito pouco tempo. Três meses depois de comprarmos nosso carro novo, ele já está barulhento, ficamos irritados e não nos sentimos mais satisfeitos. Depois que usamos nossas roupas novas algumas vezes, descobrimos tantos defeitos nelas quanto em nossas roupas velhas. Para fazermos nossos filhos únicos (e nós mesmos) sentirem-se bem, temos de construir a auto-estima passo a passo. Colher aprovações não faz uma criança desenvolver sua noção de valor próprio e de confiança genuína. Os pais precisam criar um ambiente em que seu filho único se sinta capaz de superar obstáculos e conhecer a si próprio, inclusive suas falhas. Um filho único que foi elogiado excessivamente pode não ser capaz de distinguir entre sentir-se bem e sentir-se capaz.

Bonnie, uma filha única, no último ano do colegial, fez uma viagem com sua classe e descobriu que quando tinha de enfrentar um desafio sem os pais, ela gelava. Antes, seus pais sempre estavam lá para elogiá-la e dizer-lhe que ela era fabulosa. Parte da experiência de vínculo incluía um curso de cordas, o que deixou Bonnie apavorada.

"Fiquei no fundo, olhando para cima, para a corda, que tinha apenas cinco centímetros de largura, e tive a certeza de que nunca seria capaz de subir lá. Até aquele dia, qualquer desafio que eu tivesse de enfrentar parecia possível porque meus pais estavam sempre por perto para me dizer como sou genial ou como eu poderia ser extraordinária — fosse no vestibular, editando o jornal da escola ou sendo a capitã do time de voleibol. Mas, pela primeira vez, eles não estavam lá para me elogiar, e eu precisava ouvir suas palavras. Então, quando me equilibrei sobre a corda para atravessar o percurso, me senti mal do estômago e não consegui. Os outros tentaram me ajudar, mas eu não tinha fé em mim mesma."

Bonnie foi a única criança na sua classe que voltou para casa sem se testar. Enquanto os outros estavam cheios de orgulho, Bonnie não conseguia deixar de pensar que era uma fracassada. Enquanto os outros se cumprimentavam, com tapinhas nas costas por terem superado seus medos, os medos de Bonnie ainda estavam bem presentes, e como! Os pais de Bonnie achavam que lhe tinham dado uma forte auto-estima, mas quando ela quis recorrer à sua auto-estima para se arriscar, não conseguiu, porque a afirmação sempre veio dos outros. Bonnie nunca desenvolveu uma noção do que era realmente capaz de fazer. Era só o que seus adoráveis pais achavam que ela podia fazer.

Assombrados por estereótipos de que os filhos únicos são desajustados, os pais podem achar que têm de chegar a extremos para estimular o ego de seu filho. Eles também podem ficar aterrorizados com o fato de que seu filho seja uma pessoa mediana, o que pode ser uma decepção quando você sabe que não terá mais filhos. Os pais de filhos únicos podem dizer que eles só querem que "nossos filhos sejam felizes", mas, na verdade, esperam muito mais do que isso. Eles esperam que seu filho se destaque de alguma forma. Com medo de que seu filho possa não se exceder, alguns pais elogiam demais, tentando assegurar o resultado que eles querem: a alta realização.

Yuval, de vinte e cinco anos, filho único de pais idosos, nunca teve um dia em que sua mãe ou seu pai não lhe dissessem que era extraordinário. Ambos tinham vários irmãos, e quando perceberam que não teriam mais filhos, suas famílias ficaram chocadas. Eles eram da opinião de que filhos únicos são estranhos e incapazes de lidar com a vida. Determinados a evitar isso, os pais de Yuval acreditavam que um monte de elogios tornaria seu filho confiante, ou seja, que ele seria capaz de fazer qualquer coisa. Se ele fizesse as tarefas que fossem esperadas de qualquer adolescente de dezesseis anos, sua mãe lhe dava cinco dólares extras na mesada. Quando ele fazia a lição de casa bem-feita e pontualmente, eles nunca diziam. "Você pegou um problema difícil e o resolveu. Muito bem." O que eles diziam era: "Você é fantástico em matemática." Quando ele limpava o quarto depois de semanas em que acumulava lixo, a mãe dele não dizia: "Eu realmente gosto do jeito que você guarda suas roupas." O que ela dizia era: "Você fez um trabalho tão bom que poderia abrir um negócio de limpeza." Sua vida toda foi cheia de cumprimentos e sem verdadeira autoconfiança. Ele era elogiado por tudo, mas depois de um tempo tudo virou ruído de fundo, alguma coisa que ele esperava estar lá, mas nada em que ele quisesse de fato pensar.

As coisas mudaram quando Yuval se formou na faculdade e entrou em seu primeiro emprego em produção editorial. "De repente, esperavam que eu fizesse o que eu considerava um trabalho fácil, e eu não recebia recompensa por ele. Ninguém me dizia que eu era extraordinário. Ninguém dizia que eu era tão bom que seria capaz de me tornar presidente da empresa. Eu tive que aprender o trabalho desde o início e não podia imaginar por que meu supervisor não estava me enchendo de elogios. Depois de um ano, quis sair, porque não via razão para trabalhar muito sem ser verbalmente recompensado." Yuval precisava de reforço constante, mas levou alguns anos de terapia para perceber que não entendia realmente o elogio porque não podia se auto-elogiar. Ele nunca teve que se elogiar porque seus pais sempre fizeram isso por ele. Eles não lhe deram espaço para imaginar o que o agradava em suas realizações e o que o desapontava. Seus pais ficavam ocupados demais em enchê-lo de cumprimentos vazios. Se Yuval tivesse aprendido a se satisfazer, ele não precisaria contar com os outros para se sentir satisfeito.

Compensando o tempo perdido

Quando ambos os pais trabalham e chegam em casa para junto de seu filho único no fim do dia, estão ansiosos para estar com ele e mostrar-lhe o que ele significa para eles, uma vez que eles não estiveram lá o dia todo. Essa criança é seu mundo, e tendo estado ausentes, eles podem sentir-se compelidos a demonstrar-lhe o quanto ela é importante para eles, de qualquer modo. Porque não estão lá durante o dia para elogiar, os pais tentam compensar isso à noite, ou nos fins de semana, elogiando tudo o que seu filho faz. Se uma mãe solteira trabalha o dia todo, ela pode sentir-se particularmente inclinada a fazer elogios. É uma forma de supercompensação que, à primeira vista, parece ser benigna e talvez até necessária para o bem-estar de um filho. Um pai que está freqüentemente em casa com um filho pode elogiar pequenas coisas durante o dia todo de uma forma muito mais significativa (por ser específica).

Sandi tem cinco anos. Sua mãe trabalha em tempo parcial enquanto Sandi está na escola. Depois que a mãe vai buscá-la às 15h00, elas vão para casa. A mãe de Sandi gosta de lidar com as roupas antes do jantar. Sandi ajuda a dobrá-las e a guardá-las. Quando ela faz tudo direito, a mãe lhe diz: "Obrigada por ter dobrado as toalhas tão bem; foi uma grande ajuda." Sandi também gosta de praticar escrever letras enquanto sua mãe trabalha no computador. Ela pode ver o que Sandi está fazendo e elogiar o trabalho de sua filha quando este melhora. "Sandi, estou impressionada. Suas letras estão tão bem-feitas, e você fez um trabalho incrível com o B. Você teve dificuldade com essa letra na semana passada, mas agora parece que você aprendeu."

Os pais que chegam em casa cansados depois do trabalho podem não ter a paciência para usar o tipo de elogio descritivo que enfoca coisas específicas. Seu filho pode bombardeá-los com exemplos do que ele fez na escola ou em casa com a babá, enquanto estavam fora.

"Pai, veja a pintura que eu fiz de tubarões para Ciências. O que você acha?" A resposta do pai provavelmente seria: "Fantástico. Você é um artista surpreendente", em vez de "Você realmente captou como é o corpo dos tubarões, e os dentes que você desenhou parecem afiados, eles me assustam." O pai sente-se culpado e acha que dizer ao seu filho que é o melhor irá assegurá-lo de que o amor de seu pai é forte e sempre presente.

Ou a mãe pode chegar em casa, ver sua filha de seis anos, que acabou de vestir suas Barbies com papel higiênico, e dizer: "Justine, você é a maior *designer* de moda do mundo". Então, quando a noite vai passando, tudo o que Justine faz pode receber o mesmo tipo de elogio. O desenho que ela faz do gato da família é "espetacular", e ela põe a mesa como "profissional". Enquanto isso, Justine engole tudo isso, mas não consegue imaginar como ficou tão boa em todas essas coisas. O que ela fez realmente para merecer o reconhecimento de sua mãe? "Quando eu chego em casa depois do trabalho", diz Pearl, mãe de Justine, "Quero que minha filha única saiba o quanto eu a amo e a admiro. Então, elogio-a o máximo possível. Sinto-me péssima porque não estou por perto para ver todas essas pequenas coisas que ela faz durante o dia. Quero que Justine saiba o quanto eu a amo. Nos fins de semana, passamos muito tempo juntas, e quando ela faz alguma coisa legal ou escolhe seus brinquedos sem me pedir, não me importo em lhe dizer o quanto ela é maravilhosa."

Mas Pearl poderia se preocupar se soubesse que o elogio generalizado não é a forma de construir a auto-estima de sua filha. Mesmo que ela se sinta culpada em deixar Justine durante o dia, ela deveria se esforçar para elogiar a filha de maneiras específicas, da maneira que Sandi é elogiada. Se fizer isso, Justine entenderá que quando ela faz bem alguma coisa, é porque ela tomou pessoalmente a iniciativa de chegar lá. Pearl precisa entender que o amor e o elogio não são a mesma coisa. Os cumprimentos são banais e fáceis. Pearl não teve tempo de reconhecer como Justine progrediu do desenho de figuras rudimentares para outras, com roupas e expressões faciais. Uma criança que sabe como chegou onde está pode aprender a fazer conexões, pensar independentemente e funcionar com competência, porque ela acredita em si mesma e em suas capacidades.

Formas comuns de elogiar demais

Embora cada pai e mãe elogiem seu filho de uma maneira própria e infinitamente inventiva, há vários tipos gerais de elogiar demais em que todos nós estamos engajados.

Usando afeto físico como elogio

Quem pode resistir a aninhar, beijar e abraçar seu filho único? Este é o grande amor de um pai, o ser querido que dá propósito e significado à vida. Mas o afeto físico dado meramente como elogio deve ser limitado. As crianças que são abraçadas e beijadas sempre que fazem alguma coisa boa podem começar a fazer coisas para ter esse elogio, em vez de fazer as coisas para terem esse prazer. Os pais de filhos únicos são tão ligados física e mentalmente a seu "bebê" que o afeto físico pode tornar-se um modo de dizer (o tempo todo) "Adoramos você e você é incrível". Então, o que há de errado nisso? Isso pode levar um filho único a tornar-se tão dependente do afeto físico para se afirmar que espera ser tratado dessa forma por todos, durante toda sua vida. Ou pode-se criar um filho que não entende quando é adequado ser fisicamente afetuoso. Ele quer isso o tempo todo porque se sente bem. O elogio físico constante, associado ao elogio verbal, também pode resultar em um filho que está preocupado em agradar. É claro que ser espontaneamente afetuoso com um filho é crucial para seu desenvolvimento saudável. Mas estou falando de pais que usam expressões excessivas de elogio físico, o que pode confundir uma criança e afetar sua capacidade de olhar para si mesma com confiança.

Veja Meg e seu marido, Willis, por exemplo. Eles são pais de um filho único, Cody, que tem doze anos. Tanto Meg quanto Willis cresceram em famílias grandes nas quais o afeto físico era mínimo. O elogio era geralmente verbal e intermitente. Eles recebiam um beijo e abraços de "boa noite", mas isso não bastava. Quando eles tiveram Cody, queriam fazer as coisas de um modo diferente, e juraram que ele receberia o máximo de abraços e carinho que eles pudessem oferecer. De fato, eles escolheram ter um filho único para que pudessem dar a Cody o tipo de atenção que não receberam ao crescerem em famílias grandes.

"Assim que Cody tinha idade suficiente para entender a ligação entre fazer alguma coisa bem e abraços e beijos, reagíamos ao bom comportamento ou ao bom trabalho com afeto físico. Se ele fazia um gol no jogo, dávamos muitos abraços quando ele ia até a lateral do campo. Quando ele chegava em casa com uma nota boa na prova de Matemática, nós não só dizíamos a ele como era excepcional, mas também o carregávamos de abraços e muitos beijos. Quando ele ficou mais velho, começou a esperar aquele tipo de reação de nós, não importava o que fosse."

"Alguns meses atrás, minha mãe ficou doente e ficamos preocupados com as necessidades dela. Ela veio morar conosco por algum tempo para que ficasse mais fácil cuidar dela. Meus irmãos moram longe, e todos os médicos de minha mãe estão aqui. Nossa capacidade de nos concentrarmos totalmente em Cody foi perturbada e as rotinas da casa mudaram. Notei que ele ficou cada vez mais dependente de nosso afeto físico. Ele se pendurava, literalmente, em nós e se aborrecia se não reconhecíamos algo que ele tivesse feito com uma demonstração física de afeto."

"Um dia, ele chegou em casa com um A em um projeto de Estudos Sociais e esperou que reagíssemos imediatamente com aqueles abraços de urso. Mas eu estava me aprontando para levar minha mãe ao médico e o pai dele estava ocupado, tentando selecionar os documentos do convênio de minha mãe. Cody começou a chorar e reclamou: 'Eu nem ganho um abraço pelo que fiz?' Tive de parar tudo para consolá-lo e atrasei-me para a consulta de minha mãe. Ele ficava com ciúme até quando eu mostrava afeto por minha mãe. Cody tentava ficar entre nós, e, embora ele nunca fosse cruel com minha mãe, certamente queria ter certeza de que tinha sua parte de amor físico. Por que ele não podia esperar?"

Cody não podia esperar porque a zona de conforto dele tinha sido invadida. Ele estava tão acostumado a ser recompensado com afeto físico que não tinha idéia de como "se dar" um grande abraço quando os outros não podiam fazer isso. Essencialmente, Cody regrediu temporariamente, agindo como um bebê, esperando que os outros o gratificassem.

Quando um filho único cresce e estabelece relacionamentos românticos, a necessidade de elogio físico pode interferir no relacionamento de um casal em vez de deixá-los mais unidos. Foi o que aconteceu a Larissa, uma filha única de vinte e oito anos. Ela teve dois relacionamentos sérios desde a faculdade. Ambos acabaram porque Larissa exigia elogios físicos demais de seus namorados.

"Eu fui criada por pais dedicados, que me enchiam de afeto físico. Eu recebia beijos e abraços por qualquer coisa que fazia e que meus pais achassem que fosse bom. Se eu colocava a mesa corretamente, meu pai me dava um beijo na testa, e se eu fazia as tarefas sem confusão, minha mãe me dava um abraço apertado. Eu recebia tudo isso com entusiasmo, embora nem sempre estivesse tão claro por que eles demonstravam seu amor efusivamente. Geralmente, as coisas que eu fazia pareciam muito comuns para mim. O problema foi que eu passei a contar com o elogio deles o tempo todo, e se, por alguma razão, eles não o fizessem, eu tinha um ataque."

"Eu dizia: 'Vocês não me deram um beijo. Não gostaram de meu desenho?' Então, quando eu tive um namorado sério, queria que ele fizesse a mesma coisa regularmente. Provavelmente, ele não era diferente de muitos homens, mas eu esperava mais. De fato, eu esperava um beijo ou um abraço ou cumprimento sempre que fazia alguma coisa para ele, como um jantar ou comprar ingressos para um cinema. 'Obrigado' ou 'Você é tão doce' não bastavam para mim. Eu queria a coisa toda. O que eu queria era meus pais, e isso o afastou de mim. Eu era exigente demais. Então, fiz a mesma coisa com meu outro namorado, que era fisicamente mais afetuoso, mas também tinha seus limites. Eu achava que havia algo errado com eles, mas agora sei que é problema meu, e se quero ter um relacionamento duradouro com um homem, tenho de aprender a me recompensar em vez de contar sempre com o carinho dos outros."

Um filho único que recebe elogios verbais e físicos adequados, além de demonstrações espontâneas de, afeto adequadas (por nenhuma razão especial) enquanto está crescendo, será seguro o suficiente para saber que todo tipo de ato ou toda responsabilidade assumida não requer elogio físico para ser honrada. A honra reside em se fazer algo do coração.

Colocando seu filho num pedestal

Há crianças que, depois de serem elogiada sem limites, podem começar a acreditar que são deuses e não podem fazer nada errado. Os pais disseram-lhe com freqüência que ela era excepcional e melhor do que os outros, e ela agora acredita nisso piamente. Essas são crianças que têm a chance de tornar-se adultos narcisistas para quem as conseqüências e os sentimentos dos outros são de pouco interesse. Eles vivem para si mesmos porque seus pais planejaram assim. Tudo o que ouviram durante suas vidas foi: "Você é fabuloso" e "Você é genial". Nunca uma palavra desencorajadora.

Jay, de cinqüenta e seis anos, cresceu sendo o filho adorado de um rico empresário de Nova York. Ele foi um aluno brilhante e freqüentou as melhores escolas da cidade. Sua mãe e seu pai o idolatravam e raramente (ou nunca) encontravam falhas nele.

Olhando para trás, Jay diz: "Não acho que meus pais me disseram algum dia que não aprovavam alguma coisa que eu fizera. Eu era o menino de ouro deles, que se tornou um jovem adulto arrogante. O elogio e os cumprimentos de meu pai deram-me um ego enorme. Então, pensei que podia fazer qualquer coisa sem ser pego. Na faculdade, cansei de depender financeiramente deles, então um amigo e eu formamos um bando de roubo de esqui em uma cidade do Colorado, onde eu estudava. Era dinheiro fácil e era excitante. Safamo-nos disso por pouco. Quando saí da cidade, os guardas estavam sendo chamados a investigar o caso. Mas escapar só me fez sentir invencível, e eu levei o resto de minha vida assim, até que fui preso por vender maconha quando tinha meus trinta anos e, novamente, por fazer negócios fraudulentos com imóveis aos quarenta."

"Eu enganava minha esposa e meus sócios porque achava que podia me sair bem. Tanto meu casamento quanto meu negócio desmoronaram, e tive de repensar tudo o que meus pais me disseram. Demorei muito para me transformar em alguém que não pensa que está acima da lei e é até um pouco solidário às necessidades das pessoas."

Jay era uma pessoa atormentada. Os pais achavam que estavam dando-lhe o melhor início possível na vida, mas, na verdade, estavam preparando-o para uma enorme queda.

Essencialmente, aconteceu a mesma coisa a Wesley, de seis anos, filho único de imigrantes chineses. Os pais de Wesley o endeusavam. Ele era o único que levaria o sobrenome da família, e esperava-se que ele tivesse sucesso — em alguma coisa importante. Quando Wesley tinha seis anos, seus pais deram-lhe aulas de violino. Ele parecia ser uma grande promessa desde o começo, e seus pais o enchiam de lisonjas. Contanto que ele praticasse e tocasse bem, era o príncipe que não podia fazer nada errado. Quando ele era adolescente, começou a ganhar concursos regionais, estaduais e nacionais. Mas, depois de um tempo, parou de praticar as quatro horas por dia necessárias para manter o alto nível de sua performance.

"Meus pais me davam uma noção tão inflada de meu talento que eu achava que podia me tornar o próximo Itzhak Perlman sem dificuldade. Bem, isso não aconteceu, e em vez de tocar com a Filarmônica de Nova York, eu acabei fazendo um curso preparatório para entrar numa universidade decente. Eu estraguei o que poderia ser uma carreira promissora e tive de encontrar alguma outra coisa para fazer. Meu ego atrapalhou o meu sucesso. Na cultura chinesa, um filho único menino é reverenciado como se fosse um rei. Isso não é bom, visto que os reis não têm muito o que fazer por si mesmos nem enfrentam muitas conseqüências."

Infelizmente, nem Jay nem Wesley se beneficiaram da adulação de seus pais. Teria sido bom se seus pais tivessem alguém para dizer-lhes que inflar o ego de um filho único é encaminhá-lo para o fracasso, e não um caminho para a boa sorte.

Elogiando com recompensas materiais

Os pais que recompensam o bom comportamento ou o bom desempenho de seu filho único com presentes ensinam que fazer um bom trabalho é igual a "Eu mereço alguma coisa", em vez de "Estou orgulhoso de mim mesmo". Há uma diferença entre a indulgência excessiva e usar coisas materiais como elogio.

O pai que é indulgente demais com uma criança geralmente faz isso espontaneamente e sem propósito específico. Ou eles podem ser indulgentes porque não sabem como fazer outra coisa. Mas quando uma filha ganha um bracelete da Tiffany por ter recebido A em um trabalho de História ou quando os pais distribuem biscoitos cada vez que uma criança faz uma tarefa exigida, uma mensagem deliberada está sento enviada. A criança que só é motivada a fazer bem para receber presentes não está fazendo nada por si mesma: a satisfação que ela obtém com o biscoito ou o carro mais novo de controle remoto é transitória. Ela sabe que truques fazer para ter o que quer. Tudo se torna um meio para um fim, então a criança não compreende que aprender é tentativa e erro, e é uma responsabilidade. Freqüentemente, aprender significa começar embaixo e chegar lá em cima. Se uma criança executa algo só porque o pai vai comprar-lhe alguma coisa incrível, ela não pode saber até aonde poderá ir sozinha.

Conter elogios materiais com filhos únicos é crucial porque, para começar, os pais de filhos únicos tendem a dar mais para um filho o que fariam se tivessem dois. Então, se os pais acrescentam elogio material consistente, uma princesinha adorável pode tornar-se rapidamente uma pequena tirana, que espera presentes para cada brinquedo guardado e cada lição de casa completada.

Missy, de doze anos, é uma dessas crianças. Seus pais começaram a recompensá-la com presentes e dinheiro assim que ela começou a perguntar por que tinha de fazer lição de casa. A resposta dos pais foi: "Porque seu professor quer que você faça e porque isso vai ajudá-la a aprender". Isso não bastou para ela. Ela choramingava e reclamava toda noite, e porque era a única filha e o tesouro dos pais, eles imaginaram que não havia mal em suborná-la para que ela fizesse seus deveres. "Dissemos que se ela fizesse toda a lição de casa da semana e fosse bem nas chamadas orais lhe daríamos dinheiro para ir ao shopping e comprar o que quisesse. Embora não fôssemos ricos, achávamos que podíamos dar um jeito porque só tínhamos uma filha. Esperávamos que as recompensas a levassem a ter notas melhores e a faríamos ter orgulho de si mesma. Não tínhamos idéia de que nosso plano de inspirá-la a tornaria tão gananciosa que acabaríamos literalmente pagando para ela fazer a lição de casa." Missy acostumou-se tanto a ganhar dinheiro e presentes de seus pais por fazer bem as coisas que, um dia, virou-se para eles e disse diretamente: "Mãe, se eu fizer minha lição de Inglês, posso ganhar um par novo de Pumas?"

Os pais de Missy perceberam que tinham criado um monstro. "Tentamos explicar a ela que o dinheiro e os presentes eram uma recompensa por um trabalho bem-feito e não deveriam ser esperados." Mas Missy não entendeu, e a retirada disso foi sacrificada para todos. Os pais de Missy tiveram de cortar severamente esse hábito para colocá-la na linha e salvar sua conta bancária, que estava minguando rapidamente porque Missy reagia muito bem às propinas. A única motivação de Missy para ir bem na escola eram os passeios ao shopping, iPods e assim por diante. Para os amigos de Missy, tirar notas boas era uma recompensa em si, mas não para ela.

Há uma diferença entre dar presentes de aniversário, Natal e Hanukkah e dar presentes como recompensas recorrentes por fazer o que se espera legitimamente. Não há nada de errado com o presente ocasional — "Isto é porque adoramos você" —, com a ênfase no ocasional. As crianças que são elogiadas com muita freqüência com coisas materiais não trabalham com uma meta sem sentir que merecem alguma coisa para cada grama de energia gasta.

Conseqüências de elogiar demais um filho único

Elogiar demais um filho pode criar expectativas irrealistas.

Um filho único que é elogiado demais pode tornar-se um viciado em aprovação e fará praticamente tudo pelo elogio.

Os pais que elogiam seu filho único meramente por se levantar da cama de manhã e respirar podem criar uma criança que se torna viciada em aprovação. Essa criança obcecada fará praticamente tudo para ganhar elogio e poderá fazer pouco sem ele. Pode deixar seus professores loucos porque requer reforço constante e pode até enganar para ter a aprovação que quer. Jamal, de onze anos, é assim. "Nós queríamos que Jamal fosse bem na escola", diz Libby, sua mãe. "Uma vez que ele é nosso único filho, comprometemo-nos em ajudá-lo a tornar-se alguém especial." Mas, recentemente, Jamal desapontou amargamente seus pais. Eles foram chamados na escola porque a professora pegou-o colando na prova de matemática. Libby e seu marido, George, ficaram chocados. Aqueles não eram valores que eles tinham ensinado a seu filho. Em vez de contar a seus pais que ele estava tendo dificuldade em matemática, Jamal perdeu a perspectiva e decidiu colar. Ele simplesmente não agüentou pensar em levar para casa uma nota baixa e deixar seus pais chateados. Jamal também vai até a mesa da professora e quer a aprovação dela para cada sentença que escreve e cada problema de matemática que resolve. Em sua última reunião com a professora, os pais de Jamal ficaram surpresos em ouvir que seu filho se sentia tão hesitante, tendo eles investido tanto para fazê-lo sentir-se seguro.

Elogiar demais pode resultar em uma criança que espera reforço positivo para tudo o que faz, mesmo que seja medíocre.

Os pais que elogiam demais seu filho único podem criar uma pessoa cujo julgamento sobre si mesma é falho. A criança cujos pais consideram todo seu esforço brilhante pode não ser capaz de distinguir entre o que é medíocre e o que é esplêndido.

Serena está no início do colegial e está com dificuldade com sua professora de inglês. "Gosto de ser filha única, porque meus pais realmente se importam comigo. Eles lêem meus trabalhos da escola e acham que eu escrevo muito bem. Mas este ano tenho uma professora que não gosta do que eu faço. Ela me diz que eu tenho de focar mais no desenvolvimento de minhas idéias e que não dou sustentação a elas plenamente. Mas eu acho que escrevo bem e meus pais também. Minha professora simplesmente não gosta de mim." A professora de Serena gosta dela o suficiente, mas Serena foi criada para acreditar que tudo o que ela faz é acima da média, mesmo quando não é. Não importa o que ela faça, ela ainda espera elogio, porque seus pais lhe ensinaram a esperar por ele.

A criança que é elogiada demais pode achar que fazer alguma coisa que seja medíocre é o mesmo que fazer algo que seja o seu melhor. Serena já "sabe" que ela é uma escritora realizada porque seus pais a fizeram sentir-se assim. Então, ela não pensa que há qualquer razão para ela trabalhar tanto quanto sua professora lhe indica, pelo menos até chegarem as notas finais.

Elogiar demais pode criar uma pressão contrária.

Eu nunca conheci um pai de um filho único que não acreditasse que seu filho é fantástico. Quando você tem apenas um filho, é quase impossível não pensar isso. Mas isso é muito para uma pessoa corresponder. Ninguém pode ser o melhor o tempo todo, e o filho que acha que deve ser espetacular porque seus pais já pensam que ele é está vivendo no limite. Há momentos em que um filho não dá o melhor de si e tem de parar porque a pressão é grande demais. Quando os pais vêem isso acontecer, precisam repensar o que esperam de seu filho e dar uma olhada no contato que eles estão tendo com a pessoa que mais amam no mundo.

O elogio inadequado pode levar um filho único a tornar-se um estranho entre as outras crianças. A criança que alega ser a melhor na escola porque é o máximo em casa pode achar-se confrontando alguns colegas que não o recebem bem.

Quando Kurt saiu da escola elementar para a escola média, teve dificuldade em fazer novos amigos. Ele se viu lutando por uma posição. Ele se achava bem legal porque seus pais nunca o deixaram se esquecer de que ele era especial. Então, em vez de esperar e deixar que as crianças com quem ele queria ter amizade se aproximassem dele, ele ia atrás delas insistentemente. Kurt tentava entrosar-se em um grupo atrás do outro. Ele sentava com as crianças para almoçar e gabava-se de ser um bom jogador de basquetebol e de como ele ia bem em matemática. Mas a reação que ele obtinha não era o que ele esperava. Quanto mais ele falava sobre si mesmo e tentava envolver as outras crianças em planos para se reunir ou jogar bola, mais rapidamente elas se afastavam dele. Kurt passou grande parte do primeiro ano sendo excluído em sua escola nova. Finalmente, um dos garotos o encarou. Quem ele pensava que era, falando sempre de si mesmo e agindo como se fosse o rei? Por que ele achava que eles iriam querer fazer alguma coisa com ele? Uma vez que Kurt ouviu a verdade dos garotos, adquiriu certa humildade e encontrou um grupo de amigos. Finalmente, ele ouviu os outros garotos e os deixou assumir a liderança, para sugerirem atividades, o que o ajudou a descobrir que ser colaborador pode ser mais divertido que ser mandão.

Elogiar demais pode criar uma idéia distorcida de aprovação.

A criança que é elogiada demais terá dificuldade em se recompensar e pode ter sempre de pedir a opinião dos outros para ter aprovação. Como vimos antes, neste capítulo, isso contribui pouco para a forte auto-estima. A criança que é elogiada pelo que não conquistou não é capaz de sentir seu próprio pulso. Esta é uma criança que pode ter receio de experimentar porque tem medo de fracassar. Como Yuval, ela sempre pedirá a aprovação de adultos, e quando não a tiver, desejará ir em frente ou desistir em vez de encontrar uma solução.

Se uma criança é elogiada demais, pode crescer pensando que só é amada quando é elogiada. O amor incondicional que vem sem ligações pode ser estranho para ela. Ela pode não entender o que todas as crianças deveriam saber instintivamente: que o amor nem sempre tem de incluir elogio verbal ou físico. O amor pode ser comunicado por um sorriso, um toque fugaz, um tom de voz e uma palavra de encorajamento. Nem sempre está ligado a ser o "melhor" ou o "destaque" em qualquer coisa.

Uma noção inflada de valor próprio que é o produto do elogio excessivo pode isolar um filho único de amigos que poderiam ajudá-lo a aprender o que os irmãos ensinam uns aos outros: tolerância, solução de conflito e manutenção de relacionamentos. As amizades de Kurt, por exemplo, são essenciais para que ele cresça como um filho único emocionalmente equilibrado que se importa com os outros e não acha que sabe mais que todo mundo.

Uma de nossas tarefas mais importantes como pais é ajudar nossos filhos únicos a construir uma auto-estima saudável. Inquestionavelmente, a maioria dos filhos únicos recebe a maior parte da atenção dos pais. Os elogios que os pais dão a seu filho por aprender a dominar uma tarefa ou fazer alguma coisa empregando o máximo de sua capacidade não deveriam ser oportunidades para dar-lhe ainda mais atenção, mas uma forma de fazê-lo sentir-se seguro sobre quem é e quais são seus talentos.

Como os filhos únicos geralmente são tão próximos de seus pais e podem ser excessivamente protegidos por eles, é essencial que os pais diferenciem veneração e elogio efetivo.

Isso não é nada fácil e certamente não significa que você não deva colocar o braço nos ombros de seu querido filho e dizer-lhe como ele é maravilhoso. Mas esse tipo de aprovação nunca deveria ser tudo o que uma criança ouve. A casa é um lugar onde o filho e os pais deveriam ser capazes de trocar experiências e dar força uns aos outros, um lugar onde as pessoas o conheçam, quer você seja melhor ou pior. Os pais que entendem que a auto-estima saudável é uma combinação de sentir-se amado e capaz criarão um filho que espera o melhor de si mesmo.

Benefícios do elogio adequado

Embora você possa oferecer a seu filho único elogio demais e inadequado, é difícil exagerar no tipo certo de elogio. Alguns benefícios desse elogio são os seguintes:

- Os filhos únicos com uma noção realista de valor próprio terão mais facilidade para conviver socialmente. O filho único cujos pais sempre lhe disseram que ele é "o melhor" terão dificuldade em interagir com outras crianças, porque ele desejará roubar a cena.
- Os filhos com auto-estima autêntica, que podem assumir responsabilidade por suas ações, tendem a ter uma influência positiva sobre os outros e aceitam mais as mudanças.
- Os filhos que são elogiados especificamente pelo que fazem bem ou pelo que tentam atingir com esforço não se sentirão com direito a tudo nem parecerão excessivamente confiantes externamente enquanto se sentem inseguros internamente.

Como os pais podem evitar elogiar demais seu filho único

Estas estratégias o ajudarão a moderar o hábito de elogiar demais:

- Ao discutir as realizações de seu filho, evite superlativos. Use termos específicos e descritivos ao fazer elogios.
- Ofereça críticas construtivas juntamente com elogio específico. Isso fará seu filho ser mais seguro quanto às suas forças e o ajudará a identificar o que ele precisa para melhorar.

- Quando seu filho tentar alguma coisa difícil, encoraje-o com palavras como: "Faça o melhor que puder, não tenha medo se não der certo. Você pode sempre tentar outra vez". Mas dizer: "É claro que você pode fazer isso" não lhe diz que você entende plenamente os elementos envolvidos para se fazer alguma coisa difícil. É mais provável que você o pressione em vez de dar-lhe a confiança de que ele necessita.
- Dê a seu filho a oportunidade de resolver desentendimentos com os amigos, a não ser que o comportamento acabe tornando-se agressão física. Elogie seu filho quando ele for capaz de chegar a um acordo com os amigos e os deixar assumirem a liderança, e também quando ele mesmo for líder. Uma criança que se sente superior aos outros encontrará poucos amigos.
- É responsabilidade de seu filho único ir bem na escola. Não o recompense por toda tarefa completada. Ofereça recompensas ocasionais pelo progresso capazes de dar-lhe um incentivo, mas não de levarem-no a expectativas irrealistas.

Faça o seu teste

Você é um pai que elogia demais?

- Você se vê usando regularmente superlativos quando elogia seu filho? Por exemplo, você diz coisas como: "Você é a menina mais bonita do mundo", "Você é o jogador de basquetebol mais extraordinário. Você é capaz de ser o próximo Shaquille O'Neal."?
- Seu filho fica desapontado quando os outros não o elogiam com o mesmo entusiasmo que ele recebe em casa?
- Você acha que todo dia é outra chance para você fazer seu filho se sentir bem? Você confunde isso com o desenvolvimento da auto-estima?

- Você nota que seu filho adota um modo excessivamente confiante quando enfrenta situações novas ou desconfortáveis?
- Você acha que elogiar seu filho é o mesmo que amá-lo?

Se você respondeu sim a qualquer uma dessas perguntas, tem chance de estar elogiando demais seu filho único. É claro que o tipo certo de elogio é essencial e construtivo, mas o tipo errado de elogio pode ter conseqüências negativas.

Epílogo

Ter um único filho é uma experiência alegre e singular, que traz muitas recompensas e apresenta muitos desafios interessantes. Os erros que eu discuti neste livro não causarão um grande prejuízo a não ser que sejam habituais e os pais não consigam ver como irão lidar com seu filho no mundo real.

Como mencionei no início desta viagem, cometi todos esses erros de alguma forma, em algum grau. Tive sorte porque alguém ou alguma coisa me salvou de cometê-los sem limite. Às vezes, um professor de minha filha, às vezes, um amigo, às vezes, meu marido e, às vezes, minha própria filha me fizeram perceber isso. Mas se eu soubesse quais eram os sete erros, teria tomado providências para evitá-los.

Mas eu tive sorte, e você também terá. Agora que você tem idéia do que deve procurar, pode monitorar-se e pedir ajuda aos outros também. Você não deixará os erros roubarem o que mais preza no mundo: criar seu filho único para tornar-se uma pessoa feliz, confiante, que pode assumir riscos, suportar fracassos, gozar o sucesso e, o melhor de tudo, saber que é amado por quem ele é.

Notas

Introdução

1. I. Caesar e V. Youmans. *Tea for two*, 1924.

Capítulo Um

1. C. Whitham. *A resposta é não*. São Paulo, M. Books, 2003.

2. W. Mogel. *The blessing of a skinned knee: using jewish teachings to raise self-reliant children*. Nova York, Penguin USA, 2001, p. 70.

3. Whitnam, p. 58-62.

Capítulo Dois

1. Bureau of Justice Statistics, U. S. Department of Justice [http://www.ojp.usdoj.gov]. fev. 2004.

2. D. Goleman, *Emotional ingelligence: why it can matter more than IQ*. Nova York: Bantam Books, 1995. p. 222.

3. Goleman. *Emotional intelligence*. p. 223.

4. C. Pickhardt. *Keys to parenting the only child*. Hauppauge, Nova York, Barrons, 1997. p. 34.

5. Ibid.

Capítulo Três

1. S. Newman. *Parenting an only child: the joys and challenges of raising your one and only.* Nova York, Broadway Books, 2001. p. 101.

2. D. Kindlon, *too much of a good thing: raising children of character in an indulgent age.* Nova York, Miramax, 2003. p. 4.

3. Newman, p.125.

4. N. Asher. "The only child dilemma." *Only child*, 1998, 2(3), p. 27-29.

Capítulo Cinco

1. Pickhardt, p. 64.

Recursos

Achei os seguintes livros tanto práticos quanto inspiradores. Eles são excelentes recursos para pais de filhos únicos que lutam para evitar os sete erros.

Coles, R. *The moral intelligence of children: how to raise a moral child.* Nova York, Randon House, 1997.

Goleman, D. *Emotional intelligence: why it can matter more than IQ.* Nova York, Bantam Books, 1995.

Hallowell, E., e Thompson, M. *Finding the heart of the child: essays on children, families and schools.* Washington, D. C., National Association of Independent Schools, 1993.

McGrath, E. My *one and only: the special experience of the only child.* Nova York, Morrow, 1989.

Nachman, P., com Thompson, A. *You and your only child: the joys, myths and challenges of raising an only child.* Nova York, Harper Collins, 1997.

Newman, S. *Parenting an only child: the joys and challenges of raising your one and only.* Nova York, Broadway Books, 2001.

Pickhardt, C. *Keys to parenting the only child.* Hauppauge, Nova York, Barrons, 1997.

Sifford, D. *The only child: being one, loving one, understanding one, raising one.* Nova York, Harper Collins, 1986.

Sobre a Autora

Embora ela tenha sido educadora e escritora na maior parte de sua vida, Carolyn White considera educar sua filha a tarefa mais importante que já teve. Ela concorda com Jacqueline Kennedy, falecida, que achava que se você não tiver sucesso com seus filhos, pouca coisa importará na vida. Vinte e três anos atrás, quando ela e o marido Charles tiveram sua filha, eles não tinham idéia de que seus papéis como pais de um filho único iriam, em última instância, inspirá-los para conectarem-se com outros pais de filhos únicos em todo o mundo.

Nos últimos sete anos, White tem sido a editora responsável de *Only child*, uma publicação para filhos únicos de todas as idades e para seus pais, parentes e amigos. Ela entrevistou centenas de filhos únicos e ofereceu conselhos a milhares deles e a seus pais, dos Estados Unidos e da Europa até a Índia e a China. De fato, ela é freqüentemente chamada de *Dear Abby* dos filhos únicos. Seus vários artigos para *Only child* têm tratado de tudo, desde relacionamentos entre pais solteiros e seus filhos únicos até ajudar filhos únicos adultos a encontrarem assistentes geriátricos para cuidar de seus pais idosos.

White recebeu seu diploma de bacharel do Goddard College e fez pós-graduação na Universidade de Massachusetts; Wesleyan University em Middletown, Connecticut; e na Universidade de Califórnia, Los Angeles. Ela lecionou Inglês e Jornalismo para estudantes de colegial durante dez anos, foi conselheira de faculdade e, nos últimos seis anos, tem sido assistente de direção na admissão de alunos em Crossroad School (uma escola particular para K-12) em Santa Monica, Califórnia. Nessa função, tem a oportunidade de conhecer centenas de filhos únicos e seus pais e conversar com eles sobre *parenting*, educação e opções de vida.

Criando filho único é a culminação de anos de experiência na criação de um filho único e no aconselhamento de filhos únicos e seus pais sobre como ter a experiência mais recompensadora com um filho único.